Alianza Cien
pone al alcance de todos
las mejores obras de la literatura
y el pensamiento universales
en condiciones óptimas de calidad y precio
e incita al lector
al conocimiento más completo de un autor,
invitándole a aprovechar
los escasos momentos de ocio
creados por las nuevas formas de vida.

Alianza Cien
es un reto y una ambiciosa iniciativa cultural

Adolfo Bioy Casares

Máscaras venecianas

La sierva ajena

Francesc Arsias - Beniarjó - Agost 1994.

Alianza Editorial

Diseño de cubierta: Ángel Uriarte

©Adolfo Bioy Casares
© Alianza Editorial, S. A. Madrid, 1994
Calle J. I. Luca de Tena, 15; 28027 Madrid; teléf. 741 66 00
ISBN: 84-206-4634-2
Depósito legal: B.22329-1994
Impreso en Novoprint, S. A.
Printed in Spain

Máscaras venecianas

Cuando algunos hablan de somatización como de un mecanismo real e inevitable, con amargura me digo que la vida es más compleja de lo que suponen. No trato de convencerlos, pero tampoco olvido mi experiencia. Durante largos años anduve sin rumbo entre un amor y otro: pocos, para tanto tiempo, y mal avenidos y tristes. Después encontré a Daniela y supe que no debía buscar más, que se me había dado todo. Entonces precisamente empezaron mis ataques de fiebre.

Recuerdo la primera visita al médico.

—De esta fiebre no son ajenos tus ganglios —anunció—. Voy a recetarte algo para bajarla.

Interpreté la frase como una buena noticia, pero mientras el médico escribía la receta me pregunté si el hecho de que me diera algo para el síntoma no significaría que no me daba nada para la enfermedad, porque era incurable. Reflexioné que si no salía de dudas me preparaba un futuro angustioso, y que si preguntaba me exponía a recibir como respuesta una certidumbre capaz de volver imposible la continuación de la vida. De todos modos, la idea de una larga duda me pareció demasiado cansadora y me animé a plantear la pregunta. Contestó:

—¿Incurable? No necesariamente. Hay casos, puedo afirmar que se recuerdan casos, de remisión total.

—¿De cura total?

—Vos lo has dicho. Pongo las cartas sobre la mesa. En situaciones como la presente, el médico recurrirá a toda su energía para dar confianza al enfermo. Tomá nota de lo que voy a decirte, porque es importante: de los casos de curación no tengo dudas. Las dudas aparecen en el análisis del cómo y por qué de las curaciones.

—Entonces, ¿no hay tratamiento?

—Desde luego que lo hay. Tratamiento paliativo.

—¿Que resulta curativo, de vez en cuando?

No me dijo que no y en esa imperfecta esperanza volqué la voluntad de curarme.

Parecía indudable que me había ido bastante mal en el examen clínico, pero cuando salí del consultorio no sabía qué pensar, todavía no me hallaba en condiciones de intentar un balance, como si me hubieran llegado noticias que, por falta de tiempo, no hubiese leído con detención. Estaba menos triste que apabullado.

En dos o tres días el remedio me libró de la fiebre. Quedé un poco débil, o cansado, y tal vez por eso acepté literalmente el diagnóstico del médico.

Después me sentí bien, mejor que antes de enfermarme, y empecé a decir que no siempre los médicos aciertan con sus diagnósticos; que tal vez yo no tuviera un segundo ataque. Razonaba: «Si fuera a tenerlo, algún malestar lo anunciaría, pero la verdad es que me siento mejor que nunca».

No negaré que había en mí una marcada propensión a descreer de la enfermedad. Probablemente de ese modo me defendía de las cavilaciones en que solía caer, sobre sus posibles efectos en mi futuro con Daniela. Me había acostumbrado a ser feliz y la vida sin ella no era imaginable. Yo le decía que un siglo no me alcanzaba para mirarla, para estar juntos. La exageración expresaba lo que sentía.

Me gustaba que me hablase de sus experimentos. Espontáneamente yo imaginaba la biología, su materia, como un enorme río que avanzaba entre prodigiosas revelaciones. Gracias a una beca, Daniela había estudiado en Francia con Jean Rostand y con Leclerc, su no menos famoso colaborador. Al describirme el proyecto en que Leclerc trabajaba por aquellos años, Daniela empleó la palabra carbónico; Rostand, por su parte, indagaba las posibilidades de aceleración del anabolismo. Recuerdo que dije:

—Yo ni siquiera sé qué es el anabolismo.

—Todos los seres pasamos por tres períodos —explicó Daniela—. El anabólico, de crecimiento, después una meseta más o menos larga, el período en que somos adultos, y por último el catabólico o decadencia. Rostand pensó que si perdiéramos menos tiempo en crecer, ganaríamos años utilísimos para la vida.

—¿Qué edad tiene?

—Casi ochenta. Pero no creas que es viejo. Todas sus discípulas se enamoran de él.

Daniela sonrió. Sin mirarla, contesté:

—Yo, si fuera Rostand, dedicaría mi esfuerzo a postergar, aún a suprimir, el catabolismo. Te aclaro que no digo esto porque lo considere viejo.

—Rostand piensa como vos, pero sostiene que para entender el mecanismo de la decadencia es indispensable conocer el del crecimiento.

A pocas semanas de mi primer ataque de fiebre, Daniela recibió una carta de su maestro. Cuando me la leyó, tuve una verdadera satisfacción. Para mí fue sumamente agradable que un hombre famoso por su inteligencia estimara y quisiera tanto a Daniela. El motivo de la carta era pedirle que asistiera a las próximas Jornadas de Biología de Montevideo, donde encontraría a uno de los investigadores de su grupo, el doctor Proux, o Prioux, que podría ponerla al tanto del estado actual de los trabajos.

Daniela me preguntó:

—¿Cómo le digo que no quiero ir?

Siempre consideró que esos congresos y jornadas internacionales eran inútiles. No conozco persona más reacia a la figuración.

—¿Te parece una ingratitud decirle que no a Rostand?

—Le debo todo lo que sé.

—Entonces no le digas que no. Te acompaño.

Recuerdo la escena como si la viera. Daniela se echó en mis brazos, murmuró un sobrenombre (ahora lo callo porque todo sobrenombre ajeno parece ridículo) y exclamó alborozada:

—Una semana en el Uruguay, con vos. ¡Qué divertido! —Hizo una pausa y agregó—: Sobre todo si no hubiera Jornadas.

Se dejó convencer. El día de la partida amanecí con fiebre y, al promediar la mañana, me sentía pésimamente. Si no quería ser una carga para Daniela, debía renunciar al viaje. Confieso que estuve esperando un milagro y que sólo a última hora le anuncié que no la acompañaba. Aceptó mi decisión, pero se quejó:

—¡Una semana separados para que yo no me pierda ese aburrimiento! ¡Por qué no le dije que no a Rostand!

De repente se hizo tarde. La despedida, muy apresurada, me dejó un sentimiento de incomprensión mezclado a la tristeza. De incomprensión y desamparo. Para consolarme pensé que fue una suerte no tener tiempo de explicarle el alcance de mis ataques de fiebre. Suponía tal vez que si no hablaba de ellos, les quitaba importancia. Esta ilusión duró poco. Me encontré tan enfermo que me desanimé profundamente y entendí que estaba grave y que no tenía cura. La fiebre cedió al tratamiento más trabajosamente que en la ocasión anterior, y me dejó nervioso y agotado. Cuando Daniela volvió me sentí feliz, pero mi aspecto no debía de ser bueno, porque preguntó con alguna insistencia cómo me sentía.

Me había propuesto no hablar de la enfermedad, pero ante no sé qué frase en que noté, o creí notar, un velado reproche por no haberla acompañado a Montevideo, le recordé el diagnóstico. Le dije lo esencial, pasando por alto los casos de cura, que tal vez no fueran sino un recurso del médico para atenuar la terrible verdad que me había comunicado. Daniela preguntó:

—¿Qué propones? ¿Que dejemos de vernos?

Le aseguré:

—No tengo fuerzas para decirlo, pero hay algo que no puedo olvidar: el día en que me conociste yo era un hombre sano y ahora soy otro.

—No entiendo —contestó.

Traté de explicarle que yo no tenía derecho a cargarla siempre con mi invalidez. Interpretó como una decisión lo que en definitiva eran cavilaciones y escrúpulos. Murmuró:

—Está bien.

No discutimos, porque Daniela era muy respetuosa de la voluntad ajena y sobre todo porque estaba enojada. Desde ese día no la vi. Yo razonaba tristemente: «Es la mejor solución. Por horrible que me parezca la ausencia de Daniela, peor sería cerrar los ojos, cansarla, notar su cansancio y sus ganas de alejarse.» Además la enfermedad podría obligarme a renunciar a mi empleo en el diario, entonces Daniela no sólo tendría que aguantarme, sino también que mantenerme.

Recordaba un comentario suyo, que alguna vez me hizo gracia. Daniela había dicho: «Qué cansadora esa gente aficionada a las peleas y a las reconciliaciones». No me atreví, pues, a buscar una reconciliación. No fui a verla ni la llamé por teléfono. Busqué un encuentro casual. Nunca he caminado tanto por Buenos Aires. Cuando salía del diario, no me resignaba a volver a casa y postergar hasta el día siguiente la posibilidad de encontrarla. Dormía mal y despertaba como si no hubiera dormido, pero seguro de que ese día la encontraría en alguna parte, por la simple razón de no tener fuerzas para seguir viviendo sin ella. En medio de esta ansiosa expectativa me enteré de que Daniela se había ido a Francia.

Conté a Héctor Massey, un amigo de toda la vida, lo que me había pasado. Reflexionó en voz alta:

—Mirá, la gente desaparece. Uno rompe con una persona y ya no vuelve a verla. Siempre sucede lo mismo.

—Buenos Aires sin Daniela es otra ciudad.

—Si es así, tal vez te sirva de aliento algo que he leído en una revista: en otras ciudades suele haber dobles de las personas que conocemos.

A lo mejor decía eso para distraerme. Debió de adivinar mi irritación porque se disculpó:

—Comprendo lo que será renunciar a Daniela. Nunca tendrás una mujer igual.

A mí no me gusta hablar de mi vida privada. Sin embargo, he descubierto que tarde o temprano consulto con Massey todas mis dificultades y dudas. Probablemente busco su aprobación porque lo considero honesto y justo y porque no deja que los sentimientos desvíen su criterio. Cuando le conté mi última conversación con Daniela, quiso cerciorarse de que la enfermedad era realmente como yo la había descrito y después me dio la razón. Añadió:

—No vas a encontrar otra Daniela.

—Lo sé demasiado bien —dije.

He pensado muchas veces que la ingenua insensibilidad de mi amigo era una virtud, pues le permitía opinar con absoluta franqueza. Personas que lo consultan profesionalmente (es abogado) lo elogian por decir lo que piensa y por tener una visión clara y simple de los hechos.

Pasé años aislado en mi pesadilla. Ocultaba la enfermedad como algo vergonzoso y creía, a lo mejor con razón, que si no veía a Daniela no valía la pena ver a nadie. Evité al propio Massey; un día supe que andaba por los Estados Unidos o por Europa. En las horas de trabajo, en el diario, trataba de aislarme de los compañeros que me rodeaban. Mantuve con todo una esperanza que no formulé de manera explícita, pero me sirvió para sobreponerme al desconsuelo y para ajustar mis actos a la invariable meta de recomponer el destruido castillito de arena de la salud: la desesperada esperanza de curarme (no me pregunten cuándo) y de reunirme con Daniela. Esperar no me bastó; imaginé. Soñaba con nuestra reunión. Como un exigente director de cine, repetía la escena hasta el cansancio, para que fuera más triunfal y conmovedora. Muchos opinan que la inteligencia es un estorbo para la felicidad. El verdadero estorbo es la imaginación.

Llegaron de París noticias de que Daniela se había volcado íntegramente en sus trabajos y experimentos biológicos. Las consideré buenas. Nunca tuve celos de Rostand ni de Leclerc.

Me parece que empecé a mejorar. (El enfermo vive en un continuo vaivén de ilusiones y desilusiones.) Durante el día ya no cavilaba tanto sobre el próximo ataque; las noches eran menos angustiosas. Una mañana, muy temprano, me despertó el timbre de la puerta de calle. Al abrir, me encontré con Massey que según entendí llegaba de Francia, directamente, sin pasar por su casa. Le pregunté si la había visto. Contestó que sí. Hubo un silencio tan largo, que me pregunté si el hecho de que Massey estuviera ahí presente se relacionaría de algún modo con Daniela. Entonces me dijo que viajó con el único propósito de anunciarme que se habían casado.

La sorpresa, la turbación, no me dejaba hablar. Por último aduje que tenía hora con el médico. Yo estaba tan mal, que debió de creerme.

No dudé nunca de que Massey había obrado de buena fe. Debía de figurarse que no me quitaba nada, pues yo me había alejado de Daniela. Cuando me dijo que su casamiento no sería obstáculo para que los tres nos viéramos como antes, debí explicarle que mejor sería pasar un tiempo sin vernos.

No le dije que su matrimonio no iba a durar. A esta convicción no llegué por despecho, sino por conocimiento de las personas. Es claro que el despecho me consumía.

A los pocos meses oí la noticia de que se habían separado. Ninguno de los dos volvió a Buenos Aires. En cuanto al restablecimiento aquel (uno de tantos), resultó ilusorio, de modo que yo seguía arrastrando una vidita en que los ataques de fiebre alternaban con los períodos de esperanzada recuperación.

Los años se fueron rápidamente. Quizás habría que decir insensiblemente: nada menos que diez, arrastrados por la vertiginosa repetición de semanas casi iguales. Dos hechos probaban, sin embargo, la realidad del tiempo. Una nueva mejoría de mi salud (entendí que era *la* mejoría) y un nuevo ensayo por parte de Massey y Daniela, de vivir juntos. Tantos meses yo había pasado sin fiebre, que me pregunté si estaba sano; Massey y Daniela estuvieron separados tantos años, que la noticia de que volvían a reunirse me sorprendió.

Para afianzar mi restablecimiento pensé que debía salir de la rutina, romper con el pasado. Quizás un viaje a Europa fuera la mejor solución.

Visité al médico. Largamente cavilé sobre la frase que emplearía para comunicarle mis planes. No quería dar pie a una posible objeción. En realidad temía que por buenas o malas razones me disuadiera.

Sin levantar los ojos de mi historia clínica murmuró:

—Me parece una idea excelente.

Me miró como si quisiera decirme algo, pero la campanilla del teléfono lo distrajo. Tuvo una larga conversación. Mientras tanto recordé, con un poco de asombro, que en mi primera visita había visto ese consultorio como parte de un mal sueño y al médico (lo que ahora parecía increíble) como un enemigo. Al recordar todo esto me sentía muy seguro, pero de pronto se me ocurrieron preguntas que me alarmaron: «¿Qué me querrá decir? ¿Yo podría jurar que sus palabras fueron 'una idea excelente'? Y si lo fueron, ¿no las habrá dicho con intención irónica?» Se acabó la ansiedad cuando cortó la comunicación y explicó:

—La parte anímica tiene su importancia. En este momento un viaje por Europa te caerá mejor que todos los medicamentos que yo pueda recetarte.

Diversas circunstancias, entre las que un temporario fortalecimiento de nuestro peso fue la principal, permitieron que emprendiera ese viaje. Parecía que el destino me ayudaba.

Pensé que el agrado de demorarme indefinidamente en casi cualquier lugar del mundo me impediría caer en el clásico turismo de las agencias: dos días en París, una noche en Niza, almuerzo en Génova, etcétera; pero una impaciencia, como de quien se afana en busca de algo o está huyendo (¿para que la enfermedad no lo alcance?), me obligaba a retomar el viaje al otro día de llegar a los sitios más agradables. Seguí en mi absurdo apuro hasta una tarde de fines de diciembre, en que por un canal, en una góndola (ahora me pregunto si no fue en una lancha cargada de turistas y equipaje ¡qué importa!), entré en Venecia y me encontré en un estado de ánimo en que se combinaban, en perfecta armonía, la exaltación y la paz. Exclamé:

—Aquí me quedo. Esto era lo que buscaba.

Bajé en el hotel Mocenigo, donde me habían reservado un cuarto. Recuerdo que dormí bien, ansioso de que llegara el día, para levantarme y recorrer Venecia. De repente me pareció que la tenue luz encuadraba la ventana. Corrí, me asomé. «El amanecer refulgía en el Gran Canal y sacaba de las sombras el Rialto.» Un frío húmedo me obligó a cerrar y a refugiarme entre las mantas.

Cuando me pareció que había entrado en calor salté de la cama. Tras un ligero desayuno me di un baño bien caliente y, sin más demora, salí a recorrer la ciudad. Por un instante me creí en un sueño. No, fue más extraño aún. Sabía que no soñaba, pero no encontraba explicación para lo que veía. «A su debido tiempo todo esto va a aclararse», me dije sin mayor convicción, porque seguía perplejo. Mientras dos o tres gondoleros reclamaban mi atención con gritos y ademanes, en una lancha se alejaba un arlequín. Resuelto, no sé muy bien por qué, a no traslucir mi asombro, con indiferencia pregunté a uno de los hombres cuánto cobraba por un viaje al Rialto y entré con paso vacilante en su góndola. Partimos en dirección opuesta a la que llevaba la máscara. Mirando los palacios de ambos lados del canal reflexioné: «Parecería que Venecia fue edificada como una interminable serie de escenarios, pero ¿por qué, lo primero que veo, al salir de mi hotel, es un arlequín? Tal vez para convencerme de que estoy en un teatro y subyugarme aún más. Es claro que si de pronto me encontrara con Massey le oiría decir que todo en este mundo es gris y mediocre y que Venecia me deslumbra porque yo vine dispuesto a deslumbrarme.»

Fue necesario que me cruzara con más de un dominó y un segundo arlequín para recordar que estábamos en carnaval. Le dije al gondolero que me extrañaba la abundancia de gente disfrazada a esa hora.

Si entendí bien (el dialecto del hombre era bastante cerrado) me contestó que todos iban a la plaza San Marcos, donde a las doce había un concurso de disfraces, al que yo no debía faltar, porque allá se reunirían las más lindas mujeres venecianas, que eran famosas en todo el mundo por su belleza. Tal vez me tuviera por muy ignorante, porque nombraba, silabeando para ser más claro, las máscaras que veía.

—Po-li-chi-ne-la. Co-lom-bi-na. Do-mi-nó.

Desde luego pasaron algunas que yo no hubiera reconocido: *Il dottore,* con lentes y nariz larga, *Meneghino,* con una corbata de tiras blancas, otra francamente desagradable: *la peste* o *la malattia* y una que no recuerdo bien, llamada *Brighella* o algo así.

Bajé a tierra cerca del puente del Rialto. En el correo despaché una tarjeta para el médico *(Querido dottore: Viaje espléndido. Yo muy bien. Saludos)* y por la calle de la Mercería me encaminé hacia la plaza San Marcos, mirando las ocasionales máscaras, como si buscara alguna en particular. Por algo se dice que si nos acordamos de una persona al rato la encontramos. En un puente, cerca de una iglesia, San Giuliano o Salvatore, casi me llevo por delante a Massey. Con espontánea efusividad le grité:

—¡Vos acá!

—Hace tiempo que vivimos en Venecia. ¿Cuándo llegaste?

No le contesté en seguida, porque ese verbo en plural me cayó desagradablemente. Bastó la alusión a Daniela para sumirme en la tristeza. Yo creía que las viejas heridas habían cicatrizado. Por fin murmuré:

—Anoche.

—¿Por qué no te venís con nosotros? Hay cuartos de sobra.

—Me hubiera gustado, pero mañana viajo a París —mentí para no exponerme a un encuentro que no sabía cómo me afectaría.

—Si mi mujer sabe que estuviste en Venecia y que te vas sin verla, no me perdonará. Esta noche dan *Lorelei* de Catalani, en La Fenice.

—No me gusta la ópera.

—¿Qué importa la ópera? Lo que me importa es pasar un rato juntos. Vení a nuestro palco. Te vas a divertir. Hay función de gala, por el carnaval, y la gente va disfrazada.

—A mí no me gusta disfrazarme.

—Muy pocos hombres lo hacen. Las que van disfrazadas son las mujeres.

Debí de pensar que ya había hecho bastante de mi parte y que si Massey insistía, no podría negarme por mucho tiempo. Creo que en ese momento descubrí que el secreto estímulo de mi viaje había sido la esperanza de encontrar a Daniela y que, sabiéndola en Venecia, la idea de partir sin verla me parecía una renuncia muy superior a mis fuerzas.

—Te buscamos en tu hotel —dijo.

—No, voy por mi lado. Dejame la entrada en la boletería.

Insistió en que fuera puntual, porque si llegaba después del primer acorde no entraría hasta el fin del acto. Sentí impulsos de preguntar por Daniela, pero también aprensión y disgusto de que Massey la nombrara. Nos despedimos.

Por cierto no me acordé más del concurso de disfraces. Pensar en Daniela y en la emoción de verla fueron mis únicas preocupaciones. De vez en cuando me llegaba, en dolorosas puntadas, la conciencia de lo que estaba en juego en la entrevista. Después de todo lo que sufrí, reavivaría una pena que, si no había desaparecido, se había acallado. ¿Alentaba alguna ilusión de encontrar el modo, en un rato, en un palco, en una función de ópera, de recuperar a Daniela? ¿Le haría eso a Massey? Para qué plantearme una posibilidad que no existía... Es claro que bastaba la expectativa de ver a Daniela, para que la suerte estuviera echada.

Cuando llegué, la función había empezado. Un acomodador me condujo hasta el palco, que era de los llamados balcones. Al entreabrir la puerta lo primero que vi fue a Daniela, vestida de dominó, comiendo chocolates. A su lado estaba Massey. Daniela me sonreía y, detrás del antifaz, que no se quitó, como yo hubiera deseado, brillaban sus ojos. Me susurró:

—Acercá una silla.

—Estoy bien acá —le dije.

Para no hacer ruido, me senté en la primera silla que encontré.

—No vas a ver nada —dijo Massey.

Yo estaba perturbado. Pasaba de la alegría a un sordo fastidio por la presencia de Massey en el palco. Una soprano empezó a cantar:

Vieni, deh, vieni

y Daniela, como fascinada, se volvió hacia el escenario y me dio la espalda. Injustamente, sin duda, pensé que la mujer de mi vida, al cabo de una separación interminable, me había concedido (creo que la palabra adecuada es *prestado*) su atención por menos de un minuto. Lo más extraordinario, tal vez lo más triste, era que yo reaccionaba con indiferencia. Tan distante me sentía que pude enterarme de los desgraciados amores de Ana, de Walter y de Lorelei, que por despecho y para obtener poderes mágicos se casa con un río (si mal no recuerdo, el Rhin). En un primer momento la única similitud que advertí entre la historia que se desarrollaba en el escenario y la mía fue la de envolver a tres personas; no necesité más para seguirla con notable interés. A ratos, es verdad, me abstraía en mi desconcierto... Me encontraba en una situación imprevista, que me escandalizaba: Daniela y yo nos mirábamos como extraños. Algo peor, quería irme. Cuando llegó el entreacto, Daniela preguntó:

—¿Quién es el ángel que me trae más chocolates como éstos? Los venden acá enfrente, en el bar de la plaza.

—Yo voy —me apresuré a contestar.

Con disgusto oí la voz de Massey que anunciaba:

—Te acompaño.

Rodeados de máscaras y de señores de etiqueta, lentamente bajamos por la escalera de mármol. Echamos a correr al salir del teatro, porque en la placita hacía demasiado frío. En el bar, Massey eligió una mesa contra la puerta. Entraron una muchacha vestida de dama antigua, con miriñaque, un «noble» y un «turco»; divertidos con la conversación, se demoraban en la puerta entreabierta.

—Esta corriente de aire no me gusta —dije—. Cambiemos de mesa.

Nos mudamos a una del fondo. Enseguida tomaron nuestro pedido: para mí un *strega,* para Massey un café y los chocolates. Casi no hablamos, como si hubiera un solo tema y estuviera vedado. En el momento de pagar no quedaban mesas desocupadas; por más que los llamáramos, los mozos pasaban de largo. El frío había traído a la gente. De pronto, en el rumor de las conversaciones, se oyó con nitidez una voz inconfundible y los dos miramos hacia la puerta de entrada. No sé por qué me pareció que tuvimos una brevísima vacilación, como si cada cual sintiera que el otro lo había sorprendido. En nuestra primera mesa (le habían arrimado otras) vi arlequines, colombinas y dos o tres dominós. En el acto supe cuál era Daniela. El brillo de sus ojos, que miraban desde el antifaz, no dejaba lugar a dudas.

Con visible nerviosidad, Massey consultó el reloj y anunció:

—Está por empezar. —Mentalmente pedí que no insistiera con la historia de que si llegábamos tarde no entraríamos. Lo que dijo me enojó más.

—Esperame en el palco.

«Qué se cree, sacarme de en medio, porque vino Daniela», pensé, indignado. Después de un instante recapacité: cada cual veía las cosas a su modo y a lo mejor Massey se consideraba con todos los derechos, porque se casó con ella cuando la dejé partir. Dije:

—Yo le llevo los chocolates.

Me los dio, vacilando, como si mi pedido lo desconcertara. Cuando llegué a su mesa, Daniela me miró en los ojos y murmuró:

—Mañana, a esta hora, aquí mismo.

Dijo también otra palabra: un sobrenombre, que sólo ella conocía. En un halo de felicidad salí del bar. Como si un velo se descorriera, me pregunté por qué tardé tanto en comprender que en el palco Daniela se había mostrado distante por disimulo. De pronto descubrí que no le había dado los chocolates y ya me volvía cuando reflexioné que al reaparecer con ellos quizás agregara un toque ridículo a un momento maravilloso. De algo estoy seguro: no me demoré en la plaza, porque hacía frío, y en La Fenice me encaminé directamente a nuestro palco. Por eso me asombró ver allí a Daniela, sentada como la dejé un rato antes, acodada en el ter-

25

ciopelo rojo de la baranda. Se diría que en todo ese tiempo no había cambiado de posición. Atiné a alcanzarle los chocolates, pero en verdad me hallaba muy aturdido. Una sospecha, una estúpida corazonada (recordaba que Massey a la mañana no había dicho «Daniela», sino mi «mujer») de pronto me impulsó a pedirle que se quitara el antifaz. Para serenarme fijé la atención en las evoluciones de sus manos, que primero corrieron hacia atrás la capucha del dominó y en seguida acomodaron el pelo ligeramente desordenado. Cómo extrañé otros tiempos. No era necesario, pensé, que se quitara el antifaz, porque sólo ella tenía esa gracia; me disponía a disuadirla, pero ya Daniela estaba con la cara descubierta. Aunque siempre la había recordado como incomparable, como única, la perfección de su belleza me deslumbró. Murmuré su nombre.

Me arrepentí muy pronto. Había pasado algo extraño: esa palabra tan querida, ahí, en ese momento, me entristeció. El mundo se me volvió incomprensible. En medio de la confusión tuve una segunda corazonada, que me provocó un vivo desagrado: «¿Gemelas?». Entonces, como si vislumbrara una sospecha y quisiera aclararla cuanto antes, me incorporé cautelosamente, para no ser oído, me deslicé al pasillo, pero al trasponer la puerta me pregunté si no me equivocaba, si no me portaba mal con Daniela. Me volví y susurré:

—Ya vuelvo.

Corrí por la galería en herradura, que rodea los

palcos. En el preciso instante en que me precipitaba escalones abajo, vi a Massey, subiendo lentamente y me oculté detrás de un grupo de máscaras. Si me preguntaban «¿Qué hace ahí?» no hubiera encontrado una contestación aceptable. Quizá no advirtieron mi presencia. Antes que Massey llegara a la entrada del palco, me abrí paso entre las máscaras y bajé corriendo. Como quien se tira al agua helada, salí a la placita. En cuanto llegué al bar noté que había menos gente y que la silla de Daniela estaba vacía. Hablé con una muchacha disfrazada de dominó.

—Acaba de irse, con Massey —me dijo, y debió notar mi confusión, porque agregó solícitamente:
—Muy lejos no estará... A lo mejor la alcanza por la calle delle Veste.

Emprendí la busca firmemente resuelto a sobreponerme a todas las dificultades y a encontrarla. Porque estaba sano podía volcar mi voluntad en ese único propósito. Probablemente me daba fuerzas el ansia impostergable de recuperar a Daniela, a la verdadera Daniela, y también un impulso de probar que la quería y que si alguna vez la había dejado no fue por desamor. De probarlo ante Daniela y ante el mundo. Por la segunda calle doblé a la derecha; me pareció que por ahí doblaban todos. Sentí un dolor, un golpe, que me cortaba la respiración: era el frío. He descubierto que si me acuerdo de la enfermedad me enfermo y, para pensar en otra cosa, me dije que nosotros no éramos tan valientes como los venecianos; en una noche así, los porteños no andamos por las calles. Trataba de conciliar la necesidad de apurar el paso con la de mirar detenidamente, en la medida de lo posible, a las mujeres de negro y, desde luego, a las vestidas de dominó. Frente a una iglesia, estuve seguro de reconocerla. Al acercarme descubrí que era otra. El desengaño me produjo malestar físico. «No debo perder la cabeza», me dije. Seguramente para no acordarme pensé que era gracioso cómo, sin querer, expresaba literalmente lo que sentía: en efecto, mantuve el equilibrio con dificultad.

No quería llamar la atención ni apoyarme en el brazo de nadie, por temor de tropezar con algún comedido que me demorara. Cuando pude retomé el camino. Procuraba adelantarme a la interminable corriente de los que iban en igual rumbo y de esquivar a los que venían en el sentido contrario. Me afanaba por buscar la mirada y observar las facciones visibles de toda mujer disfrazada de dominó. Aunque me desvivía, eran tantas que más de una se me habrá pasado por alto. La imposibilidad de mirarlas a todas significaba un riesgo al que no me resignaba. Me abrí paso entre la gente. Un arlequín se hizo a un lado, se echó a reír y me gritó algo, parodiando tal vez a los gondoleros. La verdad es que yo me veía a mí mismo como un barco que se abría camino con la proa. En esa imagen de sueño mi cabeza y la proa se confundían. Llevé una mano a la frente: quemaba. Empecé a explicarme que por extraño que pareciera los golpes de las olas originaban el calor y perdí el conocimiento.

Vinieron luego días confusos, de soñar cuando dormía y cuando despertaba. A cada rato me creía realmente despierto y confiaba en que se disiparían del todo esos sueños, tan molestos por lo persistentes. Muy pronto llegaba el desengaño, tal vez porque hechos reales, difíciles de admitir y que me preocupaban, provocaron (con la fiebre, que también era real) nuevos delirios.

Para que todo fuera angustiosamente incierto, no conocí el cuarto en que me encontraba. Una mujer, que me atendía con maternal eficacia y a la que yo no había visto nunca, me dijo que estábamos en el hotel La Fenice. La mujer se llamaba Eufemia; yo le decía Santa Eufemia.

Creo que en dos ocasiones me visitó un doctor Kurtz. En la primera me explicó que vivía «aquí nomás, en el corazón de Venecia», en no sé qué número de la calle Fiubera y que si lo necesitaba lo llamara a cualquier hora de la noche. En la segunda me dio de alta. Cuando salió reparé en que no le había pedido la cuenta, lo que me trajo una nueva inquietud, porque temía no recordar bien su dirección, olvidarme de pagar o no encontrarlo, como si fuera un personaje de un sueño. En realidad era el típico médico de familia, de esos que había en otras épocas. Tal vez resultara un poco irreal en la nuestra, pero ¿hay algo en Venecia que no sea así?

Una tarde le pregunté a Eufemia cómo llegué al

hotel La Fenice. Me contestó con evasivas e insistió enfáticamente en que hasta dos veces diarias, durante la fiebre, el señor y la señora Massey me habían visitado. Inmediatamente recordé las visitas o, mejor dicho, vi en un sueño muy nítido a Massey y a Daniela. Lo peor de la fiebre (y al respecto, todo seguía igual) era la autonomía de las imágenes mentales. El hecho de que la voluntad no tuviera poder sobre ellas, me angustiaba, como un principio de locura. Esa tarde pasé de recordar alguna de las visitas de los Massey, a verlos como si estuvieran sentados al lado de mi cama de enfermo, y a ver a Daniela comiendo chocolates en el palco, y después a una máscara, con antifaz, reclinada sobre mí, que me hablaba y que identifiqué fácilmente. Revivir o soñar la escena me perturbó tanto que al principio no oí las palabras de la máscara. En el preciso momento en que yo estaba pidiéndole que por favor las repitiera, desapareció. Massey había entrado en el cuarto. La desaparición me desconsolaba, porque yo prefería tener a Daniela en sueños, a encontrarme sin ella; pero la presencia de Massey me despertó del todo: un alivio tal vez, porque empecé a sentirme menos extraviado. Mi amigo me habló con su habitual franqueza, como si yo estuviera sano y pudiera enfrentar la verdad. Traté de corresponder a esa prueba de confianza. Me dijo algo que desde luego yo sabía: que después de mi alejamiento, Daniela no fue la misma mujer de antes. Aclaré:

—Nunca la he engañado.

—Es cierto. Y reconoce que no creyó del todo en tu enfermedad hasta que te encontró aquí a la vuelta, tirado en la calle.

Me enojé de pronto y dije:

—Pretende resarcirme con una buena enfermera y un buen médico.

—No le pidas lo que no puede darte.

—¿Sabes lo que pasa? No entiende que la quiero.

Me contestó que no fuera presuntuoso, que ella también me quería cuando la dejé. Protesté:

—Yo estaba enfermo.

Dijo que el amor pedía lo imposible. Agregó:

—Como ahora lo estás probando, con tus exigencias de que vuelva. No volverá.

Le pregunté por qué estaba tan seguro, y me dijo que por experiencia propia. Exclamé con mal contenida irritación:

—No es lo mismo.

Contestó:

—Desde luego. Yo no la abandoné.

Lo miré asombrado, porque por un instante creí que se le quebraba la voz. Me aseguró que Daniela sufrió mucho, que después de lo que pasó conmigo ya no podía enamorarse, por lo menos como antes.

—Para toda la vida ¿comprendés?

No me contuve. Dije:

—A lo mejor todavía me quiere.

—Es claro que te quiere. Como a un amigo,

como al mejor amigo. Y podrías pedirle que haga por vos lo que hizo por mí.

Massey había recuperado el aplomo. En un tono de lo más tranquilo se puso a dar explicaciones horribles, que yo no quería oír y que en la debilidad de mi convalecencia entendí apenas. Habló de los llamados hijos carbónicos, o clones, o dobles. Dijo que Daniela, en colaboración con Leclerc, había desarrollado de una célula suya (creo que empleó la palabra célula pero no puedo afirmarlo) hijas idénticas a ella. Ahora pienso que tal vez fuera una sola (bastaba una, para la pesadilla que Massey me comunicaba) y que logró acelerar el crecimiento con tal intensidad que en menos de diez años la convirtió en una espléndida mujer de diecisiete o dieciocho años.

—¿Tu Daniela? —pregunté con inesperado alivio.

—Parece increíble, pero realmente es una mujer hecha a mi medida. Idéntica a la madre pero, ¿cómo decirte?, tanto más adecuada a un hombre como yo. Te voy a confesar algo que te parecerá un sacrilegio: por nada la cambiaría por la original. Es idéntica, pero a su lado vivo con otra paz, con genuina serenidad. Si supieras cómo son realmente las cosas, me envidiarías.

Para que no insistiera en lo que yo debía pedir a Daniela, declaré:

—No me interesa una mujer idéntica. La quiero a ella.

Me replicó tristemente pero con firmeza:

—Entonces no conseguirás nada. Daniela me dijo que al ver tu cara en el bar comprendió que seguías queriéndola. Piensa que reanudar un viejo amor no tiene sentido. Para evitar una discusión inútil, cuando le dijeron que no corrías peligro, se fue en el primer avión.

La sierva ajena

En alguna parte leí que un apretado tejido de infortunios labra la historia de los hombres, desde la primera aurora, pero a mí me agrada suponer que hubo períodos tranquilos y que por un inapelable golpe de azar me toca vivir el momento, confuso y épico, de la culminación. Dirán, tal vez, que éste es el clamor, nada filosófico, de un sujeto oscuro y apocado; yo replicaría que, justamente, porque soy un sujeto oscuro y apocado, es curioso, aun significativo, que pueda testimoniar sobre más de un hecho tremendo. Sirva de prueba: Yo he visto, con mis propios ojos, el fin, el derrumbe, la aniquilación de una gran dama. Como siempre ocurre (por mucho que aguce cada cual la facultad de prever), inesperadamente, actores y espectadores, nos encontramos en medio de la tragedia.

Según mi experiencia, lo que pasa, pasa en las reuniones. El escenario de aquella reunión era la sala de la referida gran dama, Tatá Laserna, no menos inolvidable porque hoy muy pocos la recuerdan. No describiré a Tatá como una señora obesa, pero tampoco afirmaré que era alta. Eso sí, tenía —para emplear una frase que hoy tal vez parezca audaz, pero que entonces andaba de boca en boca, porque la había acuñado un hombre valioso y querido, un maestro de la juventud, un crítico de arte, una pluma de primera— tenía, repito, *sentido del color*. Gorda, baja, abundantemente maquillada, envuelta en hermosas telas que reproducían, íntegra, la paleta del artista o el mismo espectro luminoso, dando gritos cortos, jadeante, festiva, seguida del joven de turno; ¡qué alejada estaba la pobre —como todos nosotros, por lo demás— de la inminente catástrofe!

—Parece una gallina de lienzo, una gallina seguida por el pollo único —exclamó Keller.

Pensé: Nada de eso. Corregí:

—Una gallina fabricada con multitud de pequeños trapos, cada uno de color distinto. En cuanto a lo de «pollo único», ¡cómo no!

Escribo para gente culta, *non recito cuiquam nisi amicis;* creo, pues, que no turbo la clara memoria de una matrona si lo confieso: Tatá era —repitiendo otra frase del mismo crítico de arte— un ojo alegre. M. Vallet (autor de *Le chic a cheval*) comentó:

—¿Cómo conseguirá la vieja tanto mozalbete?

—Ha de tener sus rebusques —opinó una de mis primas.

Las mujeres, las castas y las otras, movidas por

una suerte de envidia profesional, propia de corte-
sanas, pero también por una ingenuidad incurable,
imaginan que en la alcoba las posibilidades son in-
finitas. Las tomaría uno por devotas de los desa-
creditados recetarios indios.

—Tiene plata —dictaminó M. Vallet.

He aquí otro error. El único encanto de la gente
rica no es la plata; no hay que olvidar lo que yo de-
nomino factores imponderables. Todos recordarán
un caso reciente: el de la muchacha que se com-
prometió, ante la irritada desaprobación de nuestro medio, con el más horrible de los industriales.
Conozco a la muchacha, sé que es imaginativa y
poética, estoy seguro de que ha soñado con príncipes. Los príncipes, hoy en día, son los industriales;
sus castillos, las altas chimeneas de las fábricas.

Departíamos, pues, apacible y frívolamente,
cuando cayó la fulminación. La trajo, como un ángel que lleva una espada, el explorador belga Jean
Wauteurs. El viajero (vivíamos aún en el Buenos
Aires, acaso aldeano, que percibía a los viajeros)
había bajado del país de los jíbaros, de un rincón
de la selva tenebrosa que ocupa la mayor parte del
continente, a nuestra ciudad, con el consabido propósito de pronunciar conferencias (vivíamos aún
en la época en que extranjeros y conferencias for-
maban un todo inevitable). Tatá, que no perdona-
ba personaje, nos había invitado para que lo cono-
ciéramos. Tocándome con el codo, mi prima murmuró:

—Ése es Wauteurs.

Vi a un hombre pálido, de ojos prominentes, que extraía de algún bolsillo un envoltorio de papel blanco; lo abría y mostraba un objeto oscuro. Como impelido por un movimiento reflejo, me levanté de la confortable *bergère,* me aproximé cuanto pude, examiné, entre las cabezas de ese corrillo de curiosos, el objeto que el belga, con una reverencia torpe, ofrecía a Tatá: una cabeza humana, con su piel, pelo, sus ojos, sus dientes, perfectamente; es decir horriblemente momificada y reducida por los indios; una cabeza del tamaño de un puño. Tatá abrió la boca y después de un rato exclamó con voz ahogada:

—¡Celestin!

Aquel grito de dolor, que le brotaba del pecho, era demasiado genuino para que lo confundiéramos con una elegía por el amante innoblemente ultrajado; todos, aun los más insensibles, comprendimos en el acto que se trataba del estertor de una verdadera señora que concurre al hundimiento de la propia reputación, escarnecida, hollada cruelmente, por un trance grotesco.

Es verdad que nadie, en su entero juicio, podría concebir el buen nombre de Tatá arrastrado por los caprichos de un solo varón; pero también es verdad que las mujeres, como lo observa Walter Pater citado por Moore, aun las triunfales y luminosas, tienen algo de satélite. La luna, tenue y perentoria, brilla por la luz de un sol que no vemos;

de igual modo, la considerable Tatá conquistó su lugar de privilegio, se afirmó en él, porque la fama la ha vinculado a un hombre extraordinario, Celestin Bordenave, el sabio, el don Juan, el explorador, el clubman, que ha paseado su prestigio por las comarcas más extrañas del globo. El amor de estos dos titanes —un asunto bastante sórdido, por otra parte— ocurrió por el año treinta, pero el renombre de Tatá no declinó con el tiempo; por el contrario, se diría que reverdeció y aumentó al influjo de cada una de las aventuras del lejano Bordenave. Hace poco —pero los días vuelan y quizá pasaron años— lo vimos partir, en un noticiero Pathé, acosado de periodistas, de fotógrafos y de señoritas con álbum, a la región de los jíbaros. También lo vi en una ilustración en colores: era un apuesto hombre de un metro ochenta, en quien la blancura de la ondeada cabellera, en violento contraste con el rojo, un poco feroz, de la piel, enfatizaba, por así decirlo, la vitalidad. Ahora regresaba, portado por un colega belga, limitado a una cabeza desprovista de cuerpo, momificada, reducida al tamaño de un puño. Tatá se desplomó. La retiraron a cámaras privadas. Ojalá que haya perdido el conocimiento antes de que resonaran mi grito de «¡Vergüenza!» y la risita del mozalbete de turno, risita particularmente aleve si consideramos que el individuo había ensayado los primeros picotazos (hablo por metáforas) en la blanca mano de nuestra amiga.

La falta de sensibilidad me aterra. ¿Saben cuáles

fueron las palabras de Keller, cuando retiraron a la vieja y restablecieron, siquiera en parte, el orden? Tranquilamente preguntó a Wauteurs:

—Los jíbaros ¿matan siempre a la víctima?

—Claro que sí —contestó el belga.

—Pues me consta que los pigmeos del África —afirmó Keller, que es uno de tantos derrotistas, que no creen en América y se embelesan con todo lo que viene de afuera— logran reducciones sobre el cuerpo entero y, lo que es fundamental, no matan.

Muy pronto empezó a contarnos la historia de Rafael Urbina. Una pariente pobre, hablando en voz baja y estrujando un pañuelo con ademanes aparatosos, nos rogó que disculpáramos a Tatá. Entendimos que nos echaban. Partimos al *Tropezón,* a comer un puchero tibio, mientras Keller hablaba prolijamente. He aquí, en lo esencial, la terrible historia que nos refirió:

—No faltan ejemplos —dijo— de hombres que obedecieron a una vocación profunda, a un destino indudable, pero que en algún momento de la juventud enderezaron por caminos incongruentes. ¿Quién imagina a Keats como boticario, a Maupassant como empleado de ministerio, a Urbina como escribano?

—Yo ni siquiera imaginé que Urbina hubiera necesitado nunca ganarse la vida —respondí.

Keller continuó:

—La plata (la herencia de un tío rico y olvidado,

llamado Joaquín) le llegó con el amor. La idea que tenemos de Urbina es la de un hombre de medios, que vive retraídamente en un lugar mundano, un solitario entre el bullicio, un poeta de producción escasa...

—Tan escasa —comentó un muchacho que empiezo a encontrar en todas partes, pero que felizmente no conozco aún—, tan escasa que inferimos que debe ser cuidada y exquisita. Grave error.

—Yo sabía que era argentino —dijo mi prima—, pero nunca pensé que hubiera vivido en el país. Creí que era uno de esos desterrados voluntarios del tiempo en que el peso pisaba fuerte.

—Ahora son menos voluntarios —acotó Keller—. Lo cierto es que Urbina partió en un barco que lo dejó en Villefranche. Allí quedó para siempre.

Entregado, visiblemente, al encanto de la evocación, M. Vallet apuntó:

—Yo oí hablar de un rosarino, el Negro Chaves —la voz bajó, se tornó confidencial—, un ñato de lo más moreno y bastante inculto, créame, que desembarcó en Marsella y se estableció ahí. Hay que ver las monografías que prepara sobre la Massilia de los antiguos. También me hablaron de otro, un pariente de alguien, que se afincó en Vigo.

—El caso de Urbina es diferente —protestó Keller.

—Por cierto —exclamé— no van a comparar

Marsella, que se parece al Rosario o a Milán, con Villefranche. ¡Qué clima!

Keller parecía mirarme de muy lejos y aguardar resignadamente el término de mis viajes y exclamaciones: pero, ¿qué podía entender de mi entusiasmo por Villefranche un *habitué* de Necochea?

—Cuando Urbina era escribano —dijo por fin—, allá en sus mocedades porteñas, intervino en la escrituración de bienes que vendió o compró la sucesión de don Juan Larquier. La viuda y su hija vivían entonces en *La retama,* la quinta del Tigre y, una vez, para recoger firmas, Urbina las visitó. Era una mañana de septiembre, fría y vaporosa. Envuelta en un halo de bruma y en la desorbitada vegetación, la casa aparecía en la vaguedad de un recuerdo. En los *Apuntes para un diario íntimo,* que Urbina me dejó leer cuando lo visité el año pasado en Villefranche, hay una referencia al momento en que empujó el pesado y chirriante portón de hierro y cruzó el jardín. *Todo era extremadamente verde, no sólo el follaje, sino los troncos de los árboles, cubiertos de musgo. Caminé sobre muchas hojas. Había olor a vegetales podridos y a magnolia fuscata.* Llamó a la puerta. Mientras aguardaba, seguro de que le abriría algún criado con librea, lamentó no haber mandado al socio. La debilidad, como siempre, lo había perdido. Esa mañana, cuando se encontraron en la escribanía, Urbina, adivinando que el socio tenía tanta pereza como él de ir al Tigre, se apresuró a decir: Voy yo. Era débil y tímido, pero también huraño. Nunca se le veía en reuniones y se jactaba de no conocer a nadie. Era un rebelde: había encabezado la llamada revolución carbonaria contra el soneto. Como no le abrían, de nuevo apretó el timbre, levemente, para no molestar. Pensó que los criados de las grandes casas nunca perderían el estilo, pero que sin duda escupían la sopa y tardaban en abrir la puerta, para que el invitado se resfriara. O tal vez él era víctima de la división del trabajo. Había un criado para cada tarea; sin duda rondaba uno, armado de plumero, del otro lado de la puerta, pero nada debía esperar de ese hombre, aunque hundiera el timbre y pidiera socorro; el criado destinado a abrirle progresaba continuamente desde el fondo, venía de tan lejos que aún no había llegado y quién sabe cuándo llegaría.

Abrieron la puerta. No se encontró frente a un criado, sino ante la señorita de la casa, Flora Larquier. Urbina, que me refirió la historia con pormenores, como quien guardó demasiado un secreto y una pena, y está feliz de hablar, me dijo con vehemencia lírica:

—En el marco de la puerta apareció la misma Palas Atenea.

Siguió a la muchacha por un pasillo, por una sala en que entrevió muebles enfundados. Flora Larquier, con voz limpia y alegre, exclamó:

—Deme la mano, si no va a tropezar. Por nada prendo la luz. Prefiero que tropiece a que vea la tierra que hay en estos cuartos.

Llegaron al hall de la escalera; del piso alto venía alguna luz. La escalera —una solemne construcción de cedro— no tenía alfombra, y diríase que desde años no la enceraban. Subieron hasta el hall de arriba, amplio y vacío, triste según Urbina, iluminado por una claraboya. Tenía piso de *parquet,* cinco puertas y, contra las paredes, empapeladas en gris, largos armarios grises. No había allí ningún adorno, salvo uno, monumental: un espejo, de toda la altura de la pared, curvo en la parte superior, encuadrado en pesadas cortinas violetas, que recordaban el telón de un teatro. En el extremo opuesto se agrupaban tres muebles: un sillón de paja, de respaldo muy alto y estrecho, con un almohadón en el asiento, de color aceituna, bastante desteñido; y, de algún juego de afuera, de madera pintada de blanco, una mesa endeble, y un silloncito con el respaldo y el asiento de lona. Flora indicó a Urbina el sillón principal y, pidiendo que la excusara, se fue, para volver a los pocos instantes, con una hermosa bandeja de plata, en que traía un jarrón de cristal tallado, con jerez, dos copas del mismo cristal, un plato de porcelana blanca, con guarda azul y borde dorado, con bizcochitos muy viejos, que figuraban animales. Tenía la muchacha veintitantos años, una belleza plácida y helénica, formas amplias, impecables, ojos verdes, nariz recta, manos hermosas y delicadas, extrañamente delicadas para el volumen del cuerpo, Urbina dijo que parecía la imagen alegórica de la República.

Hubo un breve altercado, porque ambos querían ceder el sillón principal. Por fin lo ocupó Flora. Allí sentada, como en un trono, jugando con un pequeño cetro de dos puntas —Urbina describió el objeto como un tridente de dos puntas— ya no era la República, sino una reina, la reina emblemática de una escultura. Inmediatamente Urbina se sintió cómodo con ella, la juzgó tranquila, llana, alegre, segura de sí misma, sin afectaciones, dispuesta a llamar las cosas por su nombre (¿no reconoció que tenía la casa a oscuras para que no se viera el polvo?). Cuando dijo que su madre, con los fríos, andaba un tanto achacosa del reumatismo y de las gripes, le creyó en el acto; no recordó lo que mucha gente murmuraba: que la señora estaba loca y que Flora, aterrada de que se la llevaran al manicomio, no la dejaba ver de nadie y vivía recluida, con ella, en la quinta. De recordarlo, no lo hubiera creído, lo hubiera repudiado como una difamación. Bastaba mirar a Flora para comprender que en su familia no tenía cabida la locura. En todo caso, Urbina entregó confiadamente los papeles a Flora, para que la señora los firmara en su dormitorio. Pocos minutos después los recibía de vuelta, comprobaba que las firmas coincidían con las cruces marcadas por él, bajaba las escaleras, acompañado de Flora, y le estrechaba la mano, junto a la puerta. Increíblemente, de esta visita Urbina sólo dejó testimonios literarios laterales: el párrafo de los *Apuntes para un diario íntimo,* ya citado, y el poema:

Tu mansión.
Fuente de plata.
Desde un rincón
guiña una rata.

La estrofa rememora una circunstancia menuda. Urbina y Flora saboreaban el perfumado jerez, cuando algo, un golpe de viento o un roedor, estremeció el cortinado violeta del espejo. Por un momento pareció que la muchacha perdía el aplomo, como si temiera que el visitante descubriese algo vergonzoso. Todo pasó pronto: la rata, si la hubo, la turbación de Flora.

Al día siguiente, unas señoritas Boyd —amigas de infancia, a las que no veía nunca— invitaron a Urbina a una reunión en honor de un pintor español; ni siquiera se preguntó si aprobaba o no al pintor: aceptó esa invitación y luego otras. De tal manera renegó de su rebeldía carbonaria (que excedía la esfera del soneto) y sin buscar justificación, como quien no argumenta con razones, porque obedece a una razón profunda, se lanzó a la vida mundana. Es indudable que tardó menos en enamorarse que en advertir que estaba enamorado. Sin embargo, la fijación de sentimientos no ocurrió inmediatamente. Al principio, casi todas las muchachas que encontraba en los salones lo deslumbraban por igual: «Me parecían», confesó, «gente sin defectos, por lo menos en el trato y en la piel. Desde luego, para mí, el dechado de todas estas mujeres brillantes, limpias, delicadas, perfumadas, felices, era Flora.» Ignoraba que al considerar mundana a su amiga cometía un error que ninguna persona mundana hubiera cometido. Como ya se dijo, Flora, a pesar de su belleza y de su juventud, vivía retirada en la quinta, y cabe inferir que su aparición en los salones coincidió con la de Urbina.

Cuando éste vio a Flora en aquella primera reunión no se sorprendió; tampoco sospechó que su propia presencia fuera el fruto de maquinaciones. Sin embargo, era así: Flora había indagado diligentemente, entre las amigas, quiénes lo conocían, y nunca se aclaró hasta qué punto la reunión en honor del pintor no era un pretexto para que ella y Urbina se encontraran.

De modo paulatino, las demás mujeres de los salones mundanos perdieron, para Urbina, la individualidad que tan recientemente habían logrado y quedaron convertidas en las figuras encantadoras, desde luego, de una suerte de coro fulgurante, cuyo fin era dar aún mayor relieve a Flora.

En este período, la conducta de cada uno de ellos es típica, la de Urbina ilustra la áspera inmadurez del hombre; la de Flora, la sabiduría de la mujer. El hombre es un desheredado que debe aprenderlo todo; para cuestiones sentimentales, a los veinticuatro años tiene seis u ocho de edad. En la mujer obran casi intactos los defectos y las virtudes del instinto; cada una hereda la experiencia acumulada desde el origen del mundo. Flora supo, cuando miró a Urbina por primera vez, en aquella mañana del Tigre, lo que quería, y obró en consecuencia; de esto no hay que deducir que fuera una mujer inescrupulosa; Urbina me dijo que él no conoció a ninguna persona en quien la pureza y la rectitud fueran tan auténticas. Agregó: *Yo era, ante ella, como un niño; como un niño que, por no estar formado, puede ser impuro o procaz. Para distinguir el bien del mal debía mirarla.*

Probablemente de aquella época es el poema —demasiado famoso, demasiado personal para mi gusto— que recogen todas las antologías:

> *La alegría de amor*
> *quise explicarte.*
> *No alcanza el arte.*

Ahí el poeta enfrenta y soslaya el más arduo, acaso, de los temas literarios: la dicha. Lo cierto es que, por entonces, Urbina fue muy feliz, porque se querían con un amor que no parecía una guerra, con tácticas y estratagemas, porque Flora era perfectamente cándida, afable, franca sin limitación alguna, salvo en lo concerniente a la quinta. No volvió a recibirlo en *La retama* y una vez que él porfió en acompañarla, no lo dejó ir más allá de la estación del Tigre, de modo que la quinta fue tomando el carácter de lugar prohibido, una suerte de castillo inaccesible, un poco fabuloso y un poco funesto; pero Urbina no pensó mucho en el asunto, porque se dijo: «Si cavilo, preguntaré, y si pregunto, quién sabe qué penosa respuesta obtendré de Flora.» Empezaba a creer, indudablemente, en la locura de la madre. Además no quería que nada turbara su propia felicidad.

Mientras bajaba por Cangallo hacia Reconquista, un día en que debía encontrarse con Flora, para tomar el té, en el *London Grill,* Urbina advirtió que llegaba tarde, y pasó, no sé cómo, de la contrariedad lindante con la angustia, que le provocaba la imagen de su amiga esperándolo, a pensar: «No ha de haber llegado. Y si llegó, no importa. Vaya esta vez por todas las que yo esperé.» Deliberadamente caminó con lentitud, miró alguna vidriera, sonrió como quien descubre, menos alarmado que divertido, que es un monstruo. Estaban tan enamorados, eran tan solícitos el uno con el otro, ella confiaba tanto en su afecto, y ahora él caía en esta insensibilidad, peor que una traición, porque no tenía motivo... «Todo esto configura», reflexionó, «alguna crueldad y mucha grosería de alma». Con el espíritu alegre, como si fuera vengativo (no lo era) y se hubiese vengado (¿de qué?), entró en el *London Grill.*

Los días empezaban a alargarse; en la calle había mucha luz. Entró corriendo, acaso en un despliegue de involuntaria hipocresía, pero se detuvo, porque entre la claridad de afuera y la penumbra del interior el contraste era violento. Cuando vio por fin, comprobó que no había nadie en las mesas, creyó —con asombro, con incredulidad, con irritación— que Flora no estaba. Llegó al centro del salón, dobló a la izquierda, miró a un lado y otro. A la izquierda, en la última mesa, la vio. En la escena —él mirando a la muchacha, ella ignorando que él la miraba— creyó descubrir un símbolo de la propia infidencia y del confiado amor de Flora. Quiso implorar perdón, jurar que ya nunca sería indiferente ni cometería traiciones, quiso estrecharla en los brazos, pero algo lo contuvo; notó leves movimientos en la espalda de Flora, estremecimientos quizá, y oyó o imaginó el murmullo de una conversación; se preguntó si su amiga no estaría hablando sola; luego distinguió claramente las palabras:

—Te quiero.

Conmovido, pensó que su retardo había perturbado a Flora. Corrió hacia ella y exclamó:

—¡Mi querida!

Con una compostura un tanto forzada, desmentida por lágrimas que no enjugó, Flora lo miró, como sosteniéndole la mirada, con los cándidos ojos verdes, y guardó el pañuelo —grande, poco femenino— en la espaciosa cartera. Esas lágrimas, o la circunstancia de que Flora hubiera guardado el pañuelo sin secarlas —para cobrármelas en todo su valor, se dijo Urbina— lo contrariaron. Su estado de ánimo cambió radicalmente. A un mozo, hasta ese momento casi inadvertido, ordenó con gravedad:

—Un té bien caliente, con masitas.

Pensó: «La vida no es dramática, pero hay personas dramáticas, que debemos evitar. La madre es loca y la hija es rara.» Por su parte no fomentaría tales rarezas. No advertía las lágrimas, ni la tensión con que Flora estaba mirándole. Le hablaría de cualquier tema, como si no notara nada. El único signo de que notaba algo —signo que no escaparía a Flora— era negativo: no hablaría de ellos dos ni de su amor. Hubiera requerido un esfuerzo notable, una aptitud histriónica, para hablar de amor en ese momento. Habló de una conferencia sobre Tablada, que él había pronunciado (por los buenos oficios de un amigo, un tal Otero, que arregló todo con la comisión del Ateneo Calabria, para hacerle ganar unos pesos) en el Rosario.

Le trajeron el té. Bebió y comió vorazmente.

—Lo que discutimos de literatura en los tres días y las tres noches que pasé allá —dijo Urbina—. Hasta muy altas horas íbamos de café en café, deambulando como sonámbulos, recitando versos, alegando los áureos nombres de Apollinaire y de Max Jacob. Créeme; a veces me maravillo pensando cómo no me atropelló un tranvía.

Evocaba el año anterior como una remota edad de oro. En esto se parecía a todos los jóvenes.

—¿Eras más feliz entonces que ahora? —preguntó ella y le tomó una mano.

Contestó brevemente:

—No.

Sonrió, la miró y siguió perorando. Flora escuchaba, sin duda arrastrada por el contagioso fervor, un poco hostil, un poco celosa, ante el inesperado descubrimiento de que ella no fuera la única pasión de Urbina. Éste no advirtió nada, llegó a las confidencias:

—Te dije que escribo un libro. Tanto como un libro, no sé. Escribo *hai-kais*. Una forma de poesía japonesa legislada por Tablada. ¿Quieres que te recite uno? Bueno, ahí va:

> *Alamedas de sueño*
> *voy caminando,*
> *te veré ¿cuándo?*

Para no darle tiempo a que descubriera que ella era la inspiración del poema, recitó otro:

> *Portadora de polen, mariposa*
> *en ti fulgura*
> *la rosa*
> *futura.*

—Me gusta mucho —dijo sin entusiasmo Flora.
—De acuerdo. Tiene el mérito de ajustarse al severo canon de Tablada. Uno más —insistió Urbina—, uno más. El último. El que prefiero, porque de modo bastante vívido, al menos para mí, canta toda esa inolvidable aventura rosarina.

Oh noches del Rosario,
vuestro asfalto oriné
con fervor literario.

—¿Te choca? —preguntó el poeta—. Te choca porque la métrica es meramente japonesa. Perdóname.

No hay que ver en la frase anterior una broma de gusto equívoco. Por aquel tiempo, Urbina estaba tan imbuido en la literatura que, para él —y, por cierto, imaginaba que para todo el mundo— nada era más real que un problema literario. Se excusó nuevamente de que el último *hai-kai* fuera «endeble, muy endeble»; para excusarse, agregó:

—Por lo menos, no me refugio en la ramazón del soneto.

Cuando salieron del *London Grill* propuso con naturalidad:

—Te llevo al Tigre.

—No —contestó la muchacha—. Voy sola, más tarde.

Al oír esto, a Urbina le pareció que caía, o que lo hacían caer; interrumpió su divagación intelectual para considerar la irreductible actitud de Flora. «Quiere mantenerme lejos de la quinta», se dijo. «Hay misterio.» Estaba un poco enojado.

Subieron a un taxímetro.

—A Palermo —ordenó—. Demos una vuelta por el bosque.

Junto al cuerpo de Flora olvidó el enojo, volvió

a hablar de literatura, ridiculizó a un crítico de *Nosotros*.

—El individuo no entiende de jerarquías —afirmó— y me confunde con los autores de coplas, a los que define como «humildes arbustos de la *broussaille* folklórica, frondosa y pujante en el campo económico».

Volvió a exaltarse, pero creyó advertir en el rostro de Flora una expresión de lejanía y malhumor, que parecía infundirle consistencia de madera. Dijo, con suspiro:

—¡Te quiero mucho!

De acuerdo a la tradición —recorrían, lentamente, en el automóvil, los caminos del bosque— la estrechó contra sí. Flora, mientras tanto, jugaba, como con una pelota, con el carterón, que resultaba demasiado voluminoso para el malabarismo. Con la sensibilidad al desnudo, el poeta se preguntó: «¿Estaré aburriéndola? Las mujeres pierden la paciencia cuando hablamos de literatura y, sobre todo, cuando recitamos poemas.» Indudablemente había alguna crispación nerviosa en aquel manipuleo del carterón. La besó, resolvió no dejarse abatir y cuando emprendió su famosa comparación entre la métrica del *hai-kai* de Tablada y del *hai-kai* japonés (que luego una revista platense publicaría en *separata*) desvió la frase, a último momento, hacia una declaración de amor, con suspiros, mimos, ponderaciones de lo mucho que sufría por ver a su amada un rato, nada más, por las tardes, etcétera: todo lo cual sirvió de indudable estímulo para el carterón, que voló por los aires. Flora lo recuperó con prontitud, se liberó del abrazo y, antes de que Urbina recapacitara, abrió la portezuela, echó a correr por el bosque. Perplejo, Urbina exclamó: «¿Está loca?», perdió la oportunidad de alcanzarla y se preguntó: «¿Qué pensará de nosotros el *chauffeur*?» Justamente, por el temor de que el *chauffeur* creyera que todo era infame estratagema para no pagar, quedó como clavado en el asiento, mientras Flora huía entre los árboles.

El *chauffeur,* que resultó un criollo de voz apagada y ronca, opinó:

—Yo, si fuera usted, señor, la dejaba, por si la perdía en el monte; pero no se haga ilusiones: mañana, esta noche a más tardar, la encuentra. Eso sí, le garanto que no tiene nada que reprocharse; yo los miraba, firme, por el espejito y soy testigo de que usted llevó correctamente el asalto.

Tras alguna meditación, Urbina atinó a decir:

—Para mí, está loca.

—Es mujer, que es lo mismo —respondió el *chauffeur,* con indulgencia—. Uno vive con ellas, las toma en serio, las consulta para todo y después se extraña que el mundo ande al revés. ¿Usted no cree, señor, que el hombre más adelantado es el negro de la poligamia, que a la mañana guarda a las mujeres en un cuartito y en vez de irse al trabajo, como usted y yo, sale a cazar tigres en elefante?

—Volvamos al centro —dijo tristemente Urbina; luego precisó—: A Santa Fe y Pueyrredón.

—¿Al *Pedigree* o al *Olmo*? —inquirió el *chauffeur*.

—Al bar *Summus* —replicó Urbina.

—¿Permite que uno de los más antiguos placeros de Buenos Aires le facilite un consejo?

—Todos los que quiera.

—No se extralimite en el trago, señor, que emborracharse por una mujer es lo último. Yo lo acompañaría de todo corazón, porque después del santo día cunde la sed, pero el peón nochero espera en el garaje y ya se sabe que para despóticos no hay como los infelices. Cuando llego tarde, llora que le quito el pan de la boca.

Urbina pensó: «Es capaz de rechazar el importe y ofenderse», pero en el momento de pagar dobló la propina.

—No me equivoqué —aseguró el *chauffeur*—. El señor es de los que fomentan al criollo. Pero hágame el favor, si no fuera por nosotros, el dinero no circulaba. En tiempo en que el inmigrante se arrastraba, como un miserable, en un Renault de dos cilindros, que era una vulgar alcancía con ruedas, yo quemaba los pesos paseando al pasajero en cada Hispano y Delaunay Belleville que si hoy usted los ve en el museo de La Plata no aguanta la risa.

En el bar *Summus,* Urbina se sentó a la mesa de los amigos, donde conversaban, aquella tarde, Rosaura Topelberg, Pascual Indarte y el malogrado Ramón Otero. Rosaura exclamó:

—Pareces un fauno, Rafael, un fauno de tierra adentro.

—Ya me dijeron otros que tengo aire de provinciano —contestó.

—Qué va a tener —protestó Otero—. No es más que un fauno hecho y derecho. Las mujeres me contaron que las vuelve locas.

—Ellas nos vuelven locos —respondió Urbina—. Son nuestros demonios. Durante el día habría que guardarlas en el cuartito que los indios llaman *zenana*.

—¡Malo! —gritó Rosaura y lo miró con adoración.

El pelo de Rosaura parecía de paja; una paja casi plateada, que se oscurecía junto al cráneo. Las pestañas, artificiales, eran muy largas, las uñas de un rojo vivo, también largas y la estatura, escasa; caminaba erguida, con la cabeza un poco echada hacia atrás y con una mano en la cintura; fumaba interminablemente, con treinta centímetros de boquilla negra. Tenía diploma de profesora de bailes clásicos, trabajaba de vidrierista para una cadena de tiendas y por todo ello se había impuesto como la persona indicada para dibujar la carátula de la revista que el grupo publicaría alguna vez.

Discutieron, como siempre, el proyecto de la revista (cuya particularidad invariable, a través de infinitos diálogos, era la exclusión de los sonetos) y bebieron cerveza.

A las nueve salieron; Indarte y Otero partieron en vehículos que tomaron en la esquina; a Rosaura, Urbina le preguntó:

—¿Quieres caminar un poco?

—Encantada.

—¿Vas al Once? Bueno, te acompaño hasta Corrientes.

Caminaron un tramo en silencio; de pronto, Urbina sentenció:

—La vida no es dramática (la vida no es esto o aquello), pero hay personas que representan, con el argumento de la vida, un drama.

Hubo otro silencio; Urbina lo interrumpió con la observación:

—Es fácil que a uno lo envuelvan. Es fácil enamorarse. Enamorarse, no: obrar como enamorado.

Habló mucho. Con Flora y con Rosaura siempre hablaba mucho. Su papel, tan sentido, de muchacho porteño, incrédulo y taciturno, que parecía dedicado a las mujeres, lo reservaba sin duda para mujeres ideales. Habían dejado atrás Corrientes; llegaban al Once.

—Flora no quiere que yo vaya a su quinta. ¿Qué opinas? ¿Tendrá un amante y temerá que lo descubra? ¿Esconderán algún secreto? ¿Habrá un idiota en la familia?

—Se sabría —observó Rosaura.

—O serán, más bien, prejuicios... ¿Qué opinas? ¿Tendrá vergüenza de mí?

—Bueno fuera —exclamó Rosaura. Se detuvo,

60

asustada. Las palabras delataban su aversión por Flora.

—No temas, Rosaurita —aseguró Urbina—. Averiguaré todo. Si no lo averiguo, una parte de mi vida no tendrá sentido. Lo peor es que Flora, con misterio o sin misterio, ya no me atrae. Hemos llegado. Te dejo. Adiós.

—¿Te vas? —preguntó Rosaura—. ¿Te vas tan pronto?

—¿Pronto? En casa comemos a las nueve y media.

Sin notar el desconsuelo de la muchacha, corrió hacia un taxímetro. Llegó a la mesa cuando servían el postre y, aunque le trajeron todos los platos, apenas comió.

—No es milagro que no tenga hambre —declaró gravemente su padre—. Se pasa la tarde en el bar, bebiendo cerveza.

—Y de vez en cuando —acotó la madre—, agrega una taza de café negro y un *sandwich* de miga. ¡Qué mezcla! ¡Qué estómago el de la juventud!

Siempre sus padres lo habían admirado y respetado, pero en cuanto a las comidas (había que alimentarse a hora fija y bien) y al sueño (debía ser largo y reparador) eran rigurosos.

No durmió en toda la noche. En sus cavilaciones, el *chauffeur* criollo y la pobre Rosaura asumieron el carácter de irrefutables demonios. ¿Cómo había comunicado a Rosaura cuestiones que solamente incumbían a Flora y a él? ¿Cómo había permitido que Rosaura opinara sobre tales cuestiones? ¿Cómo había permitido que el *chauffeur,* un malevo de la peor especie, hablara despectivamente de Flora? Mañana mismo buscaría al hombre y le diría lo que pensaba. Pero, ¿cómo encontrarlo en la inmensidad de Buenos Aires? La disputa, si tenía la forma de encontrarlo, sería indudablemente espinosa y su tardío enojo, ridículo. Era evidente: de acuerdo a un destino que empezaba a reconocer como suyo, castigaría a la persona más débil, a Rosaura. Y por más que aborreciera a Rosaura y al *chauffeur,* no podía negar que la culpa no les correspondía. Cada cual es responsable de sus demonios, concluyó (anotó la frase en los *Apuntes para un diario íntimo*). La situación tenía una salida: correr al Tigre, implorar el perdón de Flora. Una salida, reflexionó, que desembocaba en una puerta cerrada: Flora no lo dejaría entrar. En realidad, él no debía atormentarse; cometió errores porque la imperdonable conducta de Flora lo perturbó. No había misterio; era inútil buscar a un idiota en la familia, a un amante; sólo encontraría a una muchacha malcriada y, acaso, histérica. El alivio que obtuvo con estos argumentos fue nulo.

Al otro día no estaba menos afligido; este implacable observador de la vida y de sí mismo, este literato, se abandonó al infortunio de la nostalgia y de la espera; pensaba en Flora, pensaba en el teléfono, postergaba un llamado al Tigre, que no se resolvía a intentar, ansiaba un llamado del Tigre, que no ocurría.

Una noche oyó de la cocinera la frase increíble:

—Niño, lo llama su chica.

Se precipitó sobre el teléfono, para oír, sin entender, la voz de Rosaura, que le preguntaba por qué ya no iba al *Summus*. No iba a ninguna parte. No veía a nadie: ni a los amigos ni a la gente mundana. «Sucedió lo inverosímil», se dijo. «Estoy enamorado.» Estaba incómodo, inquieto, un poco enfermo, flaco y ojeroso.

Una mañana tuvo ganas de escribir. Murmuró: «Un gallo a Esculapio. Un sacrificio a la musa. Arde todavía el fuego votivo.» Buscó un tema. Siguió hablando consigo mismo: «La vi; ya no hubo tranquilidad ni orden. Sólo pude pensar en ella.» Abrió el cuaderno y escribió la pieza que un crítico describe en el número de *Inicial* dedicado a Urbina, como el *hai-kai* más desgarrador y que otro compara con un diamante oscuro.

> *Jardín perdido,*
> *arena, viento, nada.*
> *Te he conocido.*

Desde ese momento no tardó en reponerse. Trabajó todos los días, durmió bien, comió con hambre, reapareció en el *Summus,* y una noche fue al cinematógrafo con Rosaura. El triunfo de Rosaura pudo ser completo; en la manera en que Urbina hablaba y la miraba, ¿no había un dejo sentimental? La película —Rosaura debió preverlo cuando leyó en el anuncio los nombres de los actores, Marie Prevost, Harrison Ford y van Peborgn— resultó una comedia, y esto fue su perdición. Con esa mezcla, tan masculina, de afición por los espectáculos pueriles y de insensibilidad, Urbina no sólo *siguió* la película, sino que llegó al extremo de reír estruendosamente. Rosaura, que se ofendía con rapidez, había aprendido, en el trato con Urbina, a dominarse, pero, como todo tiene un límite, esa noche exclamó: «Yo no aguanto», se levantó y se fue. «Hay algo en mí que las exaspera o todas son iguales», pensó Urbina. A la mañana siguiente Rosaura llamó para pedir disculpas.

En una cálida noche de octubre, algún tiempo después, en Barracas, en un restaurante con patios, con parrales, con duraznos, con canchas de bochas, con jardín, Urbina compartió con una muchedumbre heterogénea (entre la que descubriría —lo intuyó desde el principio— a Flora) carne, galleta y vino tinto en honor de un ilustre visitante de nuestra sociedad, el profesor Antonescu, matemático rumano, impugnador de Einstein, que, negando la velocidad de la luz, había anulado, según las propias palabras del cronista de *Crítica,* el experimento de Michelson y Morley y de paso había demolido «ese ingrato monumento, la teoría de la relatividad».

El restaurante era una casa baja, con tres patios

de piso de tierra, a los que daban todos los cuartos; en éstos, el revoque de las paredes estaba, en parte, caído, y el cielo raso era de madera blanqueada con cal. La mesa del banquete, larga y estrecha, se prolongaba, interrumpiéndose en las paredes interiores, desde el salón del frente hasta un sucucho del último patio. Cuando ya le habían asegurado asiento en los alrededores del matemático rumano, entre Otero y el doctor Sayago, Urbina divisó en el segundo salón, en regiones más frívolas y decorativas, a Flora. El corazón le palpitó violentamente; se preguntó si después de comer hablaría con ella y debió escuchar al rumano que, de un modo laborioso, le comunicaba, en su media lengua, la intención de visitar, en el curso de la semana, a Córdoba, a Tucumán y al Rosario.

—Me apasionan los puertos. El de Rosario ¿tiene sabroso color local?

Otero y Urbina improvisaron respuestas. En tono escéptico, el rumano aseguró:

—En cualquier puerto, idénticos barcos, bares, muelles, marineros.

Otero intervino.

—A propósito —dijo—, en mi libro de relatos, titulado *Fisherton,* rastrearé y encontraré elementos universales en la manifestación más estrechamente localista. No hay que prescindir del mundo y encerrarse en la provincia; abrir la provincia al mundo es mi fórmula.

—Quien ha visto un puerto —reiteró el matemático, ya enconado—, vio todos los puertos.

Con el pretexto de alcanzar una bandeja de panes al doctor Sayago, que resultó notablemente voraz, Urbina se levantó del asiento y cuando pasó frente a la puerta miró a Flora; tenía ésta un vestido muy blanco y, sobre los hombros, un chal amarillo; la incuestionable placidez de la muchacha, que era como el nimbo natural de la variedad de su hermosura, persuadió a Urbina de que debía olvidar el episodio del taxímetro y los contradictorios propósitos de excusarse y de interrogar. «Ser», murmuró, «únicamente ser junto a ella: eso basta». Flora le sonreía con dulzura maternal (por motivos más o menos legítimos, a su lado Urbina siempre se había sentido moral y físicamente pueril); él fingió no verla, volvió al asiento, bebió un vaso de vino. ¡Cómo anheló tener el coraje de levantarse de nuevo y correr hacia Flora! Se dijo que el mundo de las mujeres —opresivo, indefinido, psicológico, malsano, prolijo— no convenía a la salud de esa noble planta, la mente del varón, y retomó el debate sobre el color local de los puertos, en cuyo desarrollo alguien —Urbina o Antonescu— mencionó su predilección por afeitarse en peluquería. Ambos manifestaron, inmediatamente, auténtica animación; efusivos, cambiaron pareceres y descubrieron, de modo paulatino, una afinidad en cuanto a peluquerías, navajas, jabones, temperatura del agua, así como otros puntos de igual materia, que los maravilló. Cuando empezó la oratoria debieron callar.

Con el pretexto de huir del tercer discurso —para oírlos, la gente se había agolpado en el salón—, Urbina pasó al otro cuarto, arrimó una silla y se sentó frente a Flora.

—¿Cómo estás? —preguntó sonriendo. En los ojos verdes de su amiga sorprendió una luz extraña; alarmado, asumió el tono de buen ánimo, un tanto ofensivo, con que hablamos a los enfermos, sobre todo a los locos—: Aquí el ambiente es menos estirado —suspiró—. Me encuentro a mi gusto.

Por su parte, Flora sonrió con ese aire embelesado y absorto con que la gente entra, saludando, en una fiesta; para que sólo Urbina la oyera, habló en voz extremadamente baja:

—Te extrañé mucho. No me abandones.

«¿Qué es esto?», pensó Urbina. «De nuevo a la carga, como si nada hubiera ocurrido.» No se dejaría envolver.

—Estoy contento —afirmó—. Trabajo mucho.

—Tenemos que hablar.

«¿Tenemos?», repitió, para sí, Urbina. «No creo.» Flora insistió:

—Tenemos que hablar. Quiero que vayas a la quinta. Te lo suplico: no me abandones. Si me abandonas (ya sé que es horrible decir; te pido perdón) soy capaz de cualquier cosa.

—No digas —murmuró.

Volvió al salón del frente. El matemático, leyendo un papelito, agradecía los discursos; cuando, por fin, acabó, se formaron corrillos. Urbina pensó que estaba harto de mujeres y de extranjeros y se acercó al doctor Sayago. Éste, ocupado en juntar los restos de pan diseminados por la mesa, los comía, con cuidadosa boca de ardilla, y hablaba de teatro.

—El teatro no existe —declaraba—. Alguna escena de Shakespeare, las comedias de Shaw: nada más.

—¿Y Aristófanes? ¿Y Plauto? —inquirió Otero.

—La gente guarda todo —replicó Sayago—. ¡Pasión más fuerte que el amor es el archivo! El teatro, como la oratoria y el periodismo, no aguanta el embate del tiempo. Los autores no escriben para la eternidad, ni para la relectura, ni para la lectura siquiera; buscan efecto inmediato.

Qué asco la pedantería, se dijo Urbina y suspiró por Flora. Pensando: «Ojalá que se le haya pasado el mal momento», se asomó al otro cuarto: el lugar de Flora estaba vacío. Resolvió no perder la serenidad. En un instante recorrió la casa. No vio a Flora. La buscaría con método, a lo largo de las mesas y de los corredores, por los patios, por la enramada, por el parral. Los amigos lo retenían. González, el hijo del vate de *Caras y Caretas,* prometió ayudarlo en la busca.

—A condición —declaró— de que primero nos endulcemos con estos dos copones de anís.

Mostraba, en cada mano, una enorme copa, de

las que se emplean para *cognac;* sin saber por qué,
Urbina aceptó la que le ofrecían y bebió de un trago el contenido; éste, efectivamente, era anís, del
más dulce. La gente se había agolpado en la enramada; con voz urbana y suave, cantaba un guita-
rrero decrépito:

> *El señor don Antonesco*
> *Es gaucho, aunque de otros pagos,*
> *Vida, no traigas halagos,*
> *Cuando me vas a dejar.*

—En estos versos —apuntó el hijo del vate— la
orilla y la pampa se estrechan su mano única.

—Busquemos a Flora —dijo Urbina, procuran-
do no perder la calma.

La buscaron entre la gente allí reunida; la buscaron por la interminable sucesión de comedores; la
buscaron por el jardín del último patio, donde so-
bresaltaron a una pareja que se amaba en un ban-
co. «Por falta de imaginación atribuyo todo a la
historia», reflexionó Urbina. «En un momento las
cosas ocurren, las personas toman resoluciones.»

—Te presento a Adelia Scarlatti —dijo González—. Elemento joven del grupo Cosmorama.

Era una joven muy flaca, con cara desmesurada,
empolvada y carnosa. Urbina le preguntó por
Flora.

—Ésa está media —contestó la mujer, tocándo-
se con un dedo la frente—. Yo me dije: la voy a es-

tudiar, y no le saqué los ojos de encima. Le resumo la trayectoria: primero habló sola, después maniobró con el bolso, después largó el llanto, después se fue corriendo.

Perorando para otro grupo, el doctor Sayago decía en voz en cuello:

—Un cambio repentino y continuo de situaciones muy teatrales: he ahí lo fundamental.

Sin despedirse de nadie Urbina salió del restaurante; caminó unos quinientos metros por calles desconocidas y en una avenida ancha y desolada tomó un taxímetro, que lo llevó a la estación del Retiro; de allí, en el primer tren, partió para el Tigre. En algún momento, el coraje le flaqueó. Inmiscuirse en vidas ajenas nunca había dado buen resultado. Luego reflexionó: «Si hay una posibilidad de que Flora cometa un desatino, debo impedirlo.» ¿Cómo estaba tan seguro de que Flora hubiera vuelto a la quinta? Pensó que la muchacha no se arrojaría al río, porque sin duda sabía nadar, ni a las vías del tren, porque era demasiado atroz. Estas conjeturas lo apesadumbraron. En el trayecto entre la estación del Tigre y *La retama* corrió y, cuando ya no pudo correr, caminó velozmente. Diríase que la luz de la luna envolvía la quinta en un vapor de plata. Encontrar la puerta cerrada, llamar y que no le abrieran, fue una situación que previó con inquietud, pero al encontrar la puerta abierta se estremeció, como si hubiera visto la confirmación de sus temores.

Entró en la casa. Aunque sólo había estado allí una vez, resueltamente se aventuró por la oscuridad de los salones, hasta que una pared, que parecía interminable, lo contuvo. La palpaba con ansiedad cuando creyó reconocer, en un apagado clamor, la voz de Flora; encontró una puerta y siguió avanzando; entonces oyó algo que lo aterró: «Están aplastando una rata», se dijo; la verdad es que oyó unos chillidos como de rata en el paroxismo de la furia. Logró sobreponerse y llegó por fin al hall de la escalera. Como en su primera visita, la luz venía de arriba. Subió.

La escena continuó, por una inolvidable fracción de minuto, como si no hubiera testigos. Los actores estaban absolutamente entregados a la situación. Ustedes recordarán aquel cuarto enorme, con las puertas y los armarios grises y, en un extremo, el alto sillón de paja, el silloncito, la mesa de madera, y en el extremo opuesto, el espejo monumental, rodeado de cortinados violetas. Contra el espejo, como en un escenario, con el vestido blanco, con el chal amarillo, que movía como alas fantásticas, Flora, sola, de pie, con los brazos en alto, exclamaba:

—¡Por favor, basta de melodrama!

En ese instante se interrumpió la escena. Un objeto, que estaba casi al ras del suelo, cayó. Urbina vio que era el cetro de dos puntas, que él ya conocía. Del preciso lugar donde cayó el cetro, un animalito oscuro y veloz huyó por debajo de los corti-

71

nados violetas, paralelamente al zócalo, en dirección a una puerta entreabierta. Como quien sueña, Urbina pensó: «La rata que chillaba». Todo cuanto ocurrió luego parece el argumento de un sueño o de una pesadilla.

—¡Rafael! —gritó Flora, en tono que podía ser de alivio o de contrariedad—. ¡Rafael!

Lenta, pesadamente, se adelantaron, se encontraron y quedó cada uno en brazos del otro; después, abrazados, caminaron, como arrastrándose, hasta el sillón de paja, donde Flora, obedeciendo a una indicación de Urbina, se sentó.

—¡Por fin has venido! —exclamó ella, suspirando.

Urbina se arrodilló a su lado, le besó una mano, que tomó entre las suyas.

—Tengo que explicarte todo —anunció Flora—. Por más que me cueste. Todo, todo. Aunque es inútil, porque ya lo sabes. Lo has adivinado.

Urbina se preguntó qué habría adivinado. También se preguntó qué expresión debía adoptar para que Flora, sin entrever su ignorancia, continuara con la explicación. La miró en silencio, gravemente.

—Hay que cerrar ahí —dijo Flora, ya con mejor ánimo, señalando la puerta entreabierta—. Es capaz de escuchar.

Urbina cerró la puerta y, cuando iba a arrodillarse de nuevo, se sentó en el silloncito. Mientras ejecutaba este acto de trivial egoísmo, pensaba generosamente. Estaba resuelto a ser compasivo. Quería a Flora. Si hubiera sospechado un secreto inicuo se hubiera alejado, para no saberlo. Se quedaba, porque Flora no podía ocultar nada innoble. ¿No la conocía acaso? ¿No conocía su bondad, su delicadeza, su rectitud? Y, fuera cual fuera la revelación, replicar implacablemente ¿no supondría una traición cobarde?

—Es capaz de cualquier cosa. Es malísimo —comentó Flora, sonriendo—. Yo le he dicho cómo te quiero. Tiene que resignarse. Lo comprende, lo acepta, porque es muy inteligente. De pronto no puede con el genio y se rebela. Yo sé que no debo permitirle desplantes, pero me da lástima. ¡Hay que ver cómo sufre!

—Es horrible que alguien sufra por causa de uno —dijo Urbina.

No sabía él mismo si hablaba con hipocresía o con sinceridad.

—Tienes razón. Eres muy bueno. Pero hay que defenderse. Con Rudolf hay que defenderse. Come lo que le das en la mano y después te come la mano y el brazo.

Se llama Rudolf, pensó Urbina. Y, ¿por qué le dan de comer en la mano, como si fuera un pájaro?, dijo en voz alta:

—Si es tan malo, hay que defenderse.

—No es tan malo. A lo mejor es bueno. En su lugar, ¿cómo seríamos nosotros? No lo sé.

—Yo tampoco —admitió Urbina.

—¿Lo oíste? ¡Cómo gritaba! Yo le digo que chilla como una rata, cuando se enoja. ¡Tiene una voz tan graciosa! Voy a llevarle el cetro. Si empuña el cetro, le mejora el humor. Es mezquino en algunas cosas, pequeño.

Al decir todo esto, Flora no condenaba; comentaba con simpatía, con risueña dulzura. Se levantó, recogió el cetro, se fue del cuarto. Cuando volvió, dijo:

—Quiere verte. Quiere excusarse.

Sin decir nada, Urbina caminó hacia ella. Flora lo detuvo.

—¿Sabés cómo es?

—Creo que sí —contestó Urbina.

Entraron en un cuarto donde no había nadie. Flora dijo:

—¿Esperás un minuto, mientras le aviso que vas a verlo? Éste es el cuarto de vestir de Rudolf.

Aquello era una sala de trofeos. En una pared se entrecruzaban un remo, un máuser y una descomunal escopeta. En otra colgaban las prominentes cabezas de un jabalí, de un búfalo, de un rinoceronte, de un ciervo y de una cebra. Había también raquetas de *tennis* y patines, pistolas de duelo, sables, espadas y aun flechas, arcos, escudos y lanzas de aspecto rudimentario, desaseado y feroz. Copas de plata se alineaban sobre la chimenea y, en una vitrina, relumbraba un complicado cinturón que parecía uno de aquellos aparatos eléctricos o radioactivos, de propiedad vigorizante, que años atrás abundaban en el comercio, pero que más probablemente sería el emblema de un triunfo atlético. Sobre un escritorio había una piedra negra, recuerdo de alguna excursión por las montañas. Urbina se acercó a una suerte de reclinatorio colonial, convertido en espejo de cuerpo entero, con repisas a los lados. Las repisas ostentaban fotografías de mujeres con ese aire de prostitutas ingenuas que tienen las actrices de los primeros tiempos del cinematógrafo y las cantantes de ópera. Los insinuantes rostros estaban cruzados por líneas manuscritas, testimonios de amor en muchos idiomas. Annie fechaba su recuerdo en Viena: Olivia, en Bournemouth; Antonietta, en Ostia; Ivette, en Niza; Rosario, en San Sebastián; Catherine, en París y otras tantas, en Berlín, en Leipzig, en Baden-Baden. El período, para todas, era 1890-1899.

Superaban a éstas en cantidad y en variedad las fotografías de un caballero; con severos marcos de plata, con laboriosas inscripciones en letras góticas, historiaban una vida: el niño (ya se insinuaba el rostro furioso y despectivo) en Baden-Baden, junto a vagas figuras de otra época; el estudiante (en el rostro, más furioso, casi asqueado, aparecía la primera cicatriz), posando con la típica gorrita, el sable en alto, en la cervecería Türinger Hoff, y patinando triunfalmente en la Rosplatz, de Leipzig; el joven *dandy* castigando el caballo en la carrera de *gentlemen riders,* en Dresden, y en un bosque, cantando con la sociedad coral de geólogos y antropólogos (sin duda, esta última era una fotografía de conjunto, pero acaso por el ángulo en que fue tomada o por la arrolladora personalidad del sujeto, parecía una fotografía del joven de la cara furiosa y despectiva, rodeado de un grupo de borrosas comparsas); el viajero, que miraba gallardamente, con una segunda cicatriz en el rostro, desde la cubierta de un buque, junto a un salvavidas, con la inscripción: *Clara Woermann-Woermann Line;* el don Juan, sonriendo altaneramente, mientras sujetaba por la cintura a una muchacha, un tanto raquítica, que luchaba por desasirse y reía; el cazador en África, pisando a un búfalo derribado...

Tan absorto estaba Urbina en la contemplación de las fotografías que sólo oyó a Flora cuando la tuvo al lado; entonces, como si lo hubieran sorprendido en una acción vituperable, se irguió bruscamente. Flora le dijo:

—Esas fotografías de juventud son el orgullo del pobre Rudolf. Yo, por él, no las miro. ¡Cambió tanto que es otra persona! —Después de una pausa, agregó—: ¿Quieres pasar?

Urbina pasó al dormitorio de Rudolf. Es verdad que la habitación estaba en tinieblas —desde lo alto de un bargueño, un ánfora de hierro, transformada en lámpara, cubierta por una pantalla de vidrio azul, irradiaba una luz muy pobre—, pero no es menos cierto que Urbina creyó, en el primer momento, que tampoco allí había nadie. De una pared colgaba un cuadro, un retrato al óleo, con ancho marco dorado. Los muebles no eran numerosos, pero quizá por el tamaño, o por la importancia, parecían excesivos para el cuarto. Además del bargueño, había un ropero con espejos al frente y con un águila de madera tallada, arriba, dos sillas góticas, alemanas, una cama con dosel y columnas, una mesa de luz. Cubría la cama una pesada piel oscura, con pelos gruesos y relucientes. Por fin, entre el pelaje negro, lo divisó.

Cuando lo vio, Urbina sintió una conmoción bastante fuerte (pero no más fuerte que si hubiera encontrado sobre la cama una rata). Rudolf era un hombrecito muy pequeño; de verdad, pequeño: de un palmo de estatura; vale decir, que las dimensiones de las momias reducidas, de los jíbaros, eran, aproximadamente, las suyas. En cuanto al aspecto de la piel, del pelo y de los ojos había notable diferencia con las momias. En éstas la piel es reseca, negruzca —según creo—, como calcinada, el pelo opaco y los ojos muertos. Los ojos de Rudolf parecían despedir un fuego de orgullo, el pelo estaba rapado y la piel tenía la tonalidad, un poco brillosa, de cuero crudo sobado por el uso de los años. Urbina dijo que Rudolf le recordaba (a pesar del ridículo trajecito con que andaba vestido) el cabo de un rebenque viejo; un cabo de rebenque con cara de fauno; en efecto, en el dibujo de los ojos, de la nariz, de la boca, creyó entrever una expresión faunesca, nada divina, desde luego, sino rudimentaria y terrestre. Amarillos, feroces, los dientes relucían entre labios de un color rojo vivo. Las cicatrices que registraban las fotografías del cuarto de vestir, le marcaban con dos ángulos las mejillas. Rudolf estaba sentado, en actitud casi majestuosa, entre los pelos de la manta; con la mano derecha sostenía el cetro. Por pudor, Urbina no lo miraba directamente, sino a través del espejo del ropero. De pronto notó que el hombrecito dejaba caer el cetro y le extendía los brazos, pidiendo algo. Sin necesidad de más explicaciones, como si el ademán fuera natural, Urbina le estiró con algún temor el dedo índice. El hombrecito lo tomó entre sus manos y prorrumpió en chillidos como los que oyó cuando entró en la casa; después de una o dos repeticiones, Urbina entendió:

—*Sans rancune* —decía Rudolf, en un francés pueril y cargado.

Estuvieron un rato en silencio. Urbina quería hablar, decir cualquier cosa, pero no sabía qué; seguía mirando a Rudolf a través del espejo, temía que el dedo se le acalambrara, se preguntaba hasta cuándo iban a estar así. Muy pronto le llegó la respuesta, en forma de furioso mordisco en el dedo.

—*¡Tableau!* —gritó Rudolf; lanzó una carcajada, brincó por encima de los pelos de la manta, se echó boca abajo, sollozó.

Urbina sintió un vivísimo dolor en la herida; como era aprensivo, temió que los dientes de Rudolf, notablemente amarillos, no estuvieran limpios; por suerte el mordisco le lastimó la yema, de modo que sangró bastante.

—Es lo más malo que hay —comentó Flora—. ¿Te duele mucho?

—No —contestó, sin convicción, Urbina—. Si tuvieras agua oxigenada, me pondría un poco, para parar la sangre y desinfectar...

Mientras le aplicaba un algodón con agua oxigenada, Flora decía a Urbina, para que oyera Rudolf.

—La ventaja de un acto así es que te da libertad. ¿Qué obligación puedes tener con un señor odioso, que te acomete como una bestia?

—Perdóname —suplicó Rudolf.

—Perdónalo —dijo Urbina.

—Es inútil —aseguró Flora—. No puede con el genio. Tiene todos los inconvenientes imaginables y en vez de tratar de que se los perdonen, no, el señor, como si fuera Apolo o Júpiter, se desahoga con desplantes ridículos...

—No digas esas cosas —pidió Urbina.

—No van a tener más quejas —afirmó Rudolf—. Me voy a portar bien.

El español de Rudolf era tan cargado como su francés.

—No te alarmes —dijo Flora, dirigiéndose a Urbina—. No puede con el genio. Dentro de dos o tres días cometerá alguna barbaridad que justificará que lo abandonemos, que nos vayamos a otra parte, a vivir tranquilos.

—No, no —chilló Rudolf—. Eso, no. Juro que me portaré bien, que no podrán irse nunca. Tráeme la piedra negra.

Desdeñosamente, Flora contestó:

—Muy bien, Rafael va a conocer la famosa pantomima de la piedra negra. Él jura, todos juramos y un minuto después vuelve a las andadas.

Flora trajo la piedra que había en el otro cuarto y la dejó sobre la cama. Urbina pensó que había alguna contradicción entre este acto de obediencia y las palabras de la muchacha, tan duras con Rudolf. La mano derecha de Flora se posó abierta sobre la piedra; el hombrecito colocó su mano encima, y Urbina la suya arriba de todas. El hombrecito dijo:

—Cada uno jura ser leal con los otros dos. Que el castigo para el perjuro sea negro como esta piedra.

No permitió retirar las manos hasta que todos dijeron «juro».

—Es como un chico —explicó Flora—. Hay que hacer lo que quiere; si no, al señor le da la pataleta.

El retrato al óleo —ahora Urbina lo examinó con alguna detención— representaba al caballero de la mirada altanera y de las cicatrices. El artista, que firmaba H. J., había compuesto un fondo convencional, con una anomalía que desconcertaba; sobre el pico de una montaña, pintada de modo realista, volaba un águila desembozadamente alegórica: el águila imperial alemana.

Urbina comprendió con lucidez que el descubrimiento del hombrecito era probablemente el episodio más extraordinario de su vida, pero como la fisiología no entiende razones y el día había sido largo y cansador, muy pronto se encontró desinteresado de todo esto, aun de Flora, ocupado solamente con el íntimo peso que le cerraba los párpados: el sueño. Como en el loco, en el hombre que se duerme en público, hay astucia. Urbina procuraba disimular el sueño y soñaba con excusas que le permitirían retirarse inmediatamente. Como algo lejano, inalcanzable y querido, como la patria para el exilado, recordaba la cama. Al otro día habría tiempo de reflexionar, de saber qué pensaba de Flora y del hombrecito. Éste habló :

—Rafael tiene sueño —dijo.

—Sí —reconoció Urbina.

Un poco de espíritu, el indispensable para quedarse un rato, con los ojos abiertos, y luego se iría, quizá para no volver, llevando una impresión de realidad de este descubrimiento horrible, casi mágico o sobrenatural. Reflexionó: «Hay que golpear sobre caliente, no sólo en las escaramuzas de amor; en todo. Pero soy un cerdo; un cerdo entregado a los sentidos.» Anunció:

—Me voy a casa. Es tarde.

Flora lo miró con alarma, y dijo a Rudolf:

—Voy a acompañar a Rafael hasta la puerta.

—Voy con ustedes —gritó Rudolf, incorporándose en la cama y extendiendo los brazos, como un bebé, para que lo levantaran—. Ahora somos inseparables. Ja, ja.

—Me esperas aquí —replicó severamente Flora—. Yo sola voy a acompañar a Rafael.

Rudolf recogió el cetro, volvió a sentarse entre el pelaje de la manta y dando la espalda a sus interlocutores, declaró:

—Me quedo.

Flora y Urbina salieron del dormitorio.

—Estoy impresionada —dijo Flora, poniendo una mano en el brazo de Urbina (éste, rápidamente, miró hacia la puerta del dormitorio)—. Con mi abominable secreto te causé una pena muy grande. ¡Nunca vi ojos tan tristes!

Confundía sueño con tristeza.

—Mi intuición de mujer —agregó— me dice que te vas para siempre.

—De ningún modo —respondió Urbina.

Quería dar plena seguridad, para que lo dejaran partir. Insensible a su prisa, Flora le habló de Rudolf.

—No temas —empezó diciendo—. Lo que me oíste es totalmente cierto. Él no puede con el genio. Mañana o pasado comete una maldad y nosotros nos vamos. No te preocupes por el juramento. Él lo va a romper primero. No estamos atados para toda la vida. Le hemos perdonado el mordisco. Ya habrá otra ocasión. Desde luego, cuando pienso en lo que el pobre pasó, no puedo menos que admirarlo. Yo, en su lugar, me suicido. Él no claudica. Arrebatos que en otra persona serían odiosos, como el mordisco de tu dedo, en Rudolf tienen algo de francamente admirable. Hay que reconocer eso.

—Lo reconozco —dijo Urbina, acariciándose el dedo—. Pero en realidad, ¿qué le ocurrió? ¿Quién es Rudolf? Por cierto, no es el señor de las fotografías del cuarto de vestir.

—Claro que es. Las fotografías fueron tomadas antes del viaje al África.

—¿Cuándo estuvo en África?

—Alrededor de 1900. Me aseguraron que Alemania desarrolló, por aquel entonces, lo que Rudolf denomina sed de colonias. Él, de puro aventurero, se enroló en el servicio secreto. Lo mandaron al África en ese barco tan lindo de la *Woermann Line:* todos los barcos de la compañía tenían nombre de mujer. Hay quien dijo después que hubiera sido más disimulado viajar en un barco inglés de la *P. and O.* Rudolf contesta que él no discute con gente desprovista de orgullo patriótico. Lo mandaron a Uganda, que estaba en poder de los ingleses. Allí conoció a sir Harry Johnston, un hombrecito de estatura por debajo de lo normal, de lo más enérgico y movedizo, que recorrió el África pintando cuadros mediocres y conquistando territorios para Inglaterra. Rudolf, sin apartarse de su línea de espionaje con orgullo, urdió un plan maquiavélico y embaucó totalmente al pobre sir Harry, que lo llevó de compañero en la expedición. Descubrieron la jirafa de cinco cuernos y sir Harry volvió sin novedad, quizá por su famoso tacto con los negros, pero Rudolf quedó en un pueblo de pigmeos, que sin consultar lo redujeron como has visto.

—Y tú, ¿cómo lo conociste? —preguntó Urbina.

—Rudolf pasó un tiempo bastante duro entre los pigmeos. Aunque hayan logrado ciertos resultados que la medicina europea envidia, no te creas que es gente muy refinada. Para reducir en esa forma a Rudolf, le aplicaron un tratamiento que era una mezcla de crueldad, de supersticiones absurdas y de profilaxis francamente objetable. Yo le digo que es indestructible y que por eso ha sobrevivido. Cuando otros exploradores, años después, exhibieron en Inglaterra a seis pigmeos, la gente no aguantaba la risa. Imagina lo que ha de ser caer en manos de los médicos y brujos pigmeos. Por fin, Mary Thornicroft, que había acompañado a su marido en una expedición por los bosques de Uganda, lo rescató. El pobre se levantaba de una para caer en otra. Mi madre y yo lo conocimos en casa de Mary, en Grasmere. En el viaje de vuelta, casi perdemos la cabeza con el cúmulo de baúles. A todo lo que nosotras habíamos comprado hubo que agregar los trofeos de caza, las armas, las fotografías, hasta los muebles de Rudolf; pero no me arrepiento; hoy veo en todo eso una expresión de su carácter, lleno de defectos, sin duda, pero muy encantador. Aunque estaba seguro de que le hubieran dado la Cruz de Hierro, Rudolf no quiso nunca volver a Alemania, ni encontrar a la gente que antes había conocido. Por increíble que te parezca, le da vergüenza que lo vean así. Tal vez porque lo conocieron cuando era una persona normal...¡Vaya uno a saber! En todo caso, Rudolf no es cobarde. Sufrió mucho, pero no se queja. Lo que le ha pasado es una lección, dice, que él va a recordar siempre.

La lección inolvidable (pensó Urbina) estaba escrita, para quien pudiera leerla, en la elevada inocencia de Flora, que no veía nada cómico en el tamaño de Rudolf. En verdad, ¿qué podía haber de cómico en que un hombre tuviera unos centímetros, o un metro, que para el caso es lo mismo, de más o menos? En tales circunstancias la comicidad era de la categoría más burda, era la comicidad física, que movía a risa al patán cuando alguien caía en la calle o cuando pasaba un rengo. Pensó también Urbina que él nunca llegaría a la altura moral de Flora y que era propio de naturalezas inferiores lograr sus propósitos por medio de ardides y que debía encontrar la manera de irse, cuanto antes, a su casa.

—Me voy —dijo—. Rudolf debe estar sufriendo. Vuélvete con él.

—Eres muy bueno —contestó Flora.

Se despidieron con un beso en la mejilla.

En el tren que lo llevaba a Buenos Aires, Urbina anheló estar de vuelta en su casa, como en un refugio, a salvo de la cruel intemperie del mundo, donde hay secretos, y enanos horribles, que lo odian a uno, y mujeres nobles, que lo persiguen; anheló ver a sus padres —los imaginaba muy lejos— y dormirse entre las sábanas frías de su cama. Se mezclaban, en la divagación, a las imágenes de su casa las de la quinta y, quizá porque estaba cansado, se veía a sí mismo, como en un sueño, hablando y gesticulando con un énfasis casi dramático. Exclamaba:

«¡Qué rival tengo!», sonreía, movía la cabeza. «Pero, a mi modo, soy de tan poca confianza como el tal Rudolf. Me dan la espalda y ya estoy riéndome de los sentimientos de Flora. Lo que salva al amor —reconozcamos que todo amor es un poco ciego, bastante ridículo, demasiado antihigiénico e íntimo— es la pureza de los sentimientos. ¿Hay alguien más puro y más delicado que Flora?» En seguida reflexionó que tal vez fuera ridículo tener un rival así, pero que era ventajoso. Bastaba que ahí estuvieran los dos, el tiempo traería comparaciones y, aunque Rudolf se portara como un niño modelo, había pocas dudas sobre quién finalmente triunfaría. Con cinismo, también con el instintivo temor de los hombres de cargar con una mujer, de pronto se preguntó: «¿Vale la pena ganar este premio?» Luego, con menos cinismo, con más filosofía, se preguntó si en absoluto valdría la pena ganar. Estaba razonablemente seguro del triunfo.

Llegó a la casa a las seis de la mañana. Sus padres lo esperaban.

—Nos tenías con cuidado. ¡Qué hora de volver! —dijo la madre—. ¡Cómo vas a estar mañana!

—Ya es mañana —afirmó el padre.

—Te habrás pasado la noche con esa vandalla —dijo la madre.

—¿Con quién? —preguntó Urbina, auténticamente sorprendido.

No creía que hablaran de Flora; pensaba que no la conocían y que de ningún modo la vinculaban a él. La madre lo desengañó:

—Con la Flora Larquier —precisó—. ¿Imaginas que no sabemos? Todo el mundo lo sabe.

—Todo el mundo sabe, ¿qué?

—Todo el mundo sabe que es una loca —dijo el padre—. Quiere ponerte en ridículo.

Lo que más le indignó fue la debilidad lógica de la imputación. Muy enojado contestó:

—¿Cómo? ¿Me ve para ponerme en ridículo? ¿Por qué es loca Flora Larquier? ¿Se puede saber?

—Es un ingenuo —contestó el padre.

—¿Por qué? —insistió Urbina.

—Porque no sabes lo que todo el mundo sabe —explicó la madre—. Tu Flora vive con un hombre que tiene escondido en la quinta. Un mucamo o un pinche de cocina.

—¡Qué disparate!

—Él sabe más que nadie. Es un ingenuo —insistió el padre—: La Flora esa lo tiene completamente engañado. Se habrá enterado de la herencia del tío Joaquín.

—No soy ingenuo —protestó Urbina—. Flora no me engaña. Yo mismo no me acuerdo de la herencia, Flora la ignora, y el mucamo no existe.

La madre interrogó:

—¿Cómo no existe? ¿Me vas a decir que en tamaño caserón no hay un mucamo? La peor avaricia.

—Lo tiene engañado —dijo de nuevo el padre.

—No me tiene engañado —aseguró Urbina—. Me ha dado una prueba de confianza que muy pocas mujeres se atreverían a dar.

—Reconoce que hay un secreto —dijo el padre.

—¿Un secreto? —repitió la madre—. El mucamo ese.

—No es un mucamo. Es un hombrecito de este tamaño —respondió Urbina, mostrando la mano derecha con los dedos bien abiertos.

—¿Estás loco? —le preguntó el padre—. Por favor, abre los ojos, abre los ojos. ¿Te ha hecho creer eso?

—No me ha hecho creer nada —contestó Urbina—. Hoy lo he visto. Se llama Rudolf. Me mordió el dedo. Aquí están las marcas de los dientes.

—¿Te pusiste agua oxigenada? —preguntó la madre.

—¡Es una degenerada! —gritó el padre y meció la cabeza con las manos—. ¡Es un asco!

—Bonito rival —exclamó la madre—. ¿Dices que es del tamaño de un dedo?

—Esto es demasiado atroz —gimió el padre—. Nuestro hijo, que se recibió tan joven, en el que habíamos puesto las esperanzas. ¡Cómo se va a reír la gente! ¿Estaremos soñando?

Grises, desgreñados, con batones, nunca vio tan viejos a sus padres. Urbina partió de la casa con la sospecha de que el padre lloraba. Estaba seguro de que ambos quedaban abrazados, en el centro del cuarto.

Cuando salió a la calle le pareció que la mañana se había oscurecido. Miró el cielo bajo, las casas grises, las persianas cerradas, los tachos de basura alineados frente a las puertas. Pensó que había maltratado a sus padres; con la pena, el cansancio aumentó prodigiosamente. Llamaría a Rosaura para que le permitiera dormir un rato en su casa. Rosaura le permitiría eso y mucho más; pero él no podía hoy tolerar su mirada tierna. «Si apelo a Rosaura», reflexionó, «cometo una indelicadeza con Flora». Recordó que Otero le había dicho que madrugaba para estudiar. Iría a su casa. En seguida pensó que Otero le había mentido y que él tendría que explicarle por qué lo despertaba a esas horas. Creyó que su amigo encontraría cómica la situación y comentaría burlonamente la «talla» del rival, los gustos de Flora, etc. Se enojó mucho. Desengañado de la familia, asqueado de la amistad, se encaminó al Retiro, diciéndose que su mundo era el de Flora y el hombrecito, proponiéndose, porque el honor existe, respetar el juramento pronunciado sobre la piedra negra. En el primer tren partió para el Tigre.

En la puerta de la quinta, mientras aguardaba que le abrieran, se preguntó con inquietud: «¿Seré bienvenido?» Luego pensó: «No importa. A esta altura de las cosas, no importa. El verdadero problema será evitar las conversaciones y echarse pronto a dormir.»

Flora abrió la puerta. Envuelta en un batón celeste, con la rubia cabellera un poco desordenada, tenía en la cara y en el cuello una luz de oro; a Urbina le pareció extremadamente hermosa.

—¿Tú aquí? —preguntó Flora.

—Me disgusté con mis padres.

—Espero que no hayas dicho nada.

—No —se apresuró a mentir Urbina—. Se enojaron por la hora.

—Tienes razón. Es tardísimo. No sé qué me pasa, pero me muero de sueño. Tengo que dormir un rato. Después me cuentas todo.

En el inmenso hall de arriba encontraron a Rudolf, que se paseaba majestuosamente por el suelo, empuñando el cetro, como un rey diminuto. En su porte había algo salvaje y feroz.

—Aquí estoy —dijo Urbina, como quien se excusa.

—Me alegro —contestó Rudolf.

Flora, abriendo una puerta, dijo a Urbina:

—Por hoy te pongo aquí. ¿Quieres alguna manta?

—Gracias. No hace falta.

Entró en un cuarto gris, amueblado solamente con un diván rosado. Se echó en el diván. Lo último que vio fue esos colores, el gris y el rosa, y quedó profundamente dormido. Tuvo pesadillas: sus padres lloraban, estaban muy lejos, él no volvería a verlos; por fin, con una felicidad incontenible, en un sueño encontró a su padre. Éste le dijo, en un tono autoritario, que Urbina no le conocía:

—Abre los ojos, abre los ojos.

En cuanto abrió los ojos sintió el dolor atroz, el objeto increíblemente punzante, la sensación de frío y calor. Aterrado, pidió auxilio.

Oyó la voz de Flora, que decía desconsoladamente:

—Le clavó el cetro en los ojos.

Todo luego fue confusión. Flora trajo un médico de San Isidro, amigo de la familia, que aseguró que no había peligro de que las heridas se infectaran.

—Todavía no me acostumbro a no ver —explicó Urbina—. Me siento vulnerable. Te confieso que tengo miedo de Rudolf.

—Lo encerré en el cuarto de mamá.

—¿No podrá escapar?

—No creo.

Flora casi no se apartó de su lado, pero como resolvieran irse a Europa, tuvo que dejarlo ocasionalmente, para preparar el viaje. Cuando quedaba solo, temía un ataque de Rudolf y, más aún, que Flora no volviera. El peligro del ataque fue, por fin, conjurado: en las últimas salidas, Flora encerró a Rudolf en el carterón y lo llevó consigo. Este recurso, como Flora lo había comprobado en aquel paseo por el bosque de Palermo y tantas otras veces, tenía inconvenientes: durante los inevitables enojos de Rudolf, el carterón, por más que ella lo sujetara con ambas manos, temblaba, se convulsionaba, llegaba a dar pequeños brincos. Otero trajo de la casa de Urbina los documentos para viajar y el libro de cheques. Los padres llamaron por teléfono a la quinta; les dijeron que él había partido al Rosario, a dar una conferencia en el Ateneo; Urbina quería evitar que se enteraran de que había perdido la vista. Les comunicaría la desgracia desde Europa, después de prepararlos con cartas que anunciarían una enfermedad en los ojos y la intención de consultar a un médico en Barcelona. En esta mentira había parte de verdad, porque Flora parecía creer que ese médico podría sanarlo; el de San Isidro no dio esperanzas.

Por fin se embarcaron. Llenaba el barco una muchedumbre clamorosa y brusca. Urbina trataba de parecer tranquilo; en verdad temía soltarse de Flora y quedar solo entre la gente. La orquesta de abordo acometió una marcha. Alguien los empujó, los apartó brutalmente. Tuvo un instantáneo pavor; le pareció que el pecho se le rompía de angustia. El barco navegaba. Con el tiempo, Urbina pudo reprimir el pavor, habituarse a la soledad. Flora lo había dejado para volver a su hombrecito.

El primer domingo de navegación, Urbina se dejó conducir hasta uno de los salones del barco, donde oficiaban misa. El sermón trató de aquel versículo de San Pablo, que dice: *¿Tú quién eres que juzgas al siervo ajeno? Para su señor está en pie o cae.*

Índice

Máscaras venecianas está incluido en la recopilación de cuentos de Adolfo Bioy Casares publicado bajo el título de *Historias desaforadas* en la colección Alianza Tres de Alianza Editorial con el número 186. *La sierva ajena* está incluido en la recopilación de cuentos *Historias fantásticas* en la colección «El Libro de Bolsillo» de Alianza Editorial con el número 601.

~

Últimos títulos de la colección: